Ein Zuhause für Ludwig

René Silvergieter Hoogstad

Ein Zuhause für Ludwig

René Silvergieter Hoogstad

mvgverlag

Inhaltsverzeichnis

LILLY

LUDWIG

Überraschung im Stroh

Es war ein herrlich warmer Sommermorgen. Der Himmel war strahlend blau. Fleißige Bienen und dicke Hummeln summten und brummten durch den Garten. Lilly mochte den Sommer sehr. Außerdem war heute Samstag und sie hatte keine Schule. Sie flitzte über die Wiese und freute sich darüber, wie ihr neues Kleid im Wind tanzte. Es war leuchtend rot mit weißen Blümchen. Papi hatte es ihr erst letzte Woche gekauft. Lilly hatte das Kleid im Schaufenster gesehen und sofort gemocht. Lächelnd hatte er festgestellt: »Du bist so groß geworden, dass dir die Sachen vom letzten Sommer gar nicht mehr passen. Da brauchen wir dringend ein paar neue.«

Heute wollten Papa und Papi dann auch neue Sandalen für sie kaufen. Lilly fand ebenfalls, dass die Gummistiefel schon wirklich sehr komisch mit dem neuen Blümchenkleid aussahen. Aber der Boden war am Morgen noch ein wenig kühl. Papa hatte sie 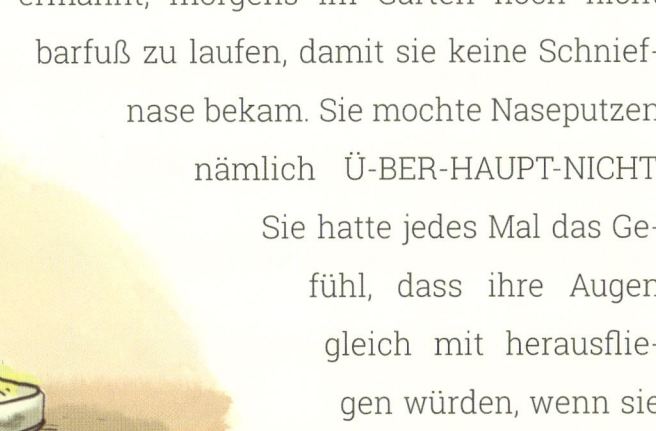 ermahnt, morgens im Garten noch nicht barfuß zu laufen, damit sie keine Schniefnase bekam. Sie mochte Naseputzen nämlich Ü-BER-HAUPT-NICHT. Sie hatte jedes Mal das Gefühl, dass ihre Augen gleich mit herausfliegen würden, wenn sie so heftig schnäuzte.

Lilly sah ihre gelbe Schaukel, die am stärksten Ast des alten Nussbaums hing. Normalerweise liebte sie es, morgens schon zu schaukeln. Ganz hoch in den blauen Himmel. Dann atmete sie den Duft der Blumen ein, roch das grüne Gras, auf dem der Morgentau lag, und fühlte sich, als würde sie mit all den Vögeln und Bienen und Schmetterlingen gemeinsam durch die Luft fliegen. »Huuuuuiiiiiii«, rief sie dann, wenn sie mit der Schaukel ganz nach oben sauste.

Heute aber ließ sie die Schaukel links liegen. Es gab etwas viel Spannenderes, das dringend untersucht werden wollte. Die Baustelle. Am Ende des Gartens stand ein gar nicht so kleiner Schuppen. Auf seinem Dachboden saß das Brennholz für den Kamin. Als Papa im Winter einmal Holz holen war, hatte er festgestellt, dass das Dach an der hintersten Ecke undicht und das Holz deshalb ganz nass geworden war. Also sollte das Dach an dieser Stelle nun repariert werden. Seit gestern war der Schuppen deshalb zu einer kleinen Baustelle geworden. Baustellen fand Lilly total cool. Sie mochte die großen Bagger mit ihren riesigen Schaufeln und die dicken Lastwagen mit den großen Rädern. Okay, große Bagger oder Laster gab es hier nun nicht, aber Lilly war trotzdem total aufgeregt. Als die Bauarbeiter gestern aufgehört hatten zu arbeiten, war der kaputte Teil des Daches abgebaut und ein rot-weißes Absperrband um die Leiter gewickelt, die auf den Dachboden führte. Papa hatte ihr beim Frühstück gesagt: »Das Band bedeutet, dass du die Leiter nicht benutzen darfst, Lilly. Und sei bitte auch sonst sehr vorsichtig im Schuppen, solange die Baustelle da ist.«

»Och, Menno«, hatte Lilly erwidert. »Ich wollte mir das große Loch im Dach doch mal ansehen.«

»Ich bin mir sicher, das kannst du auch von unten sehen, mein Schatz«, hatte Papi hinzugefügt. »Und wenn nicht, können wir vielleicht später von außen die große Leiter anstellen und es uns von da anschauen, okay?«

Während Lilly nun im Schuppen stand und mit gerunzelter Stirn auf das rot-weiße Absperrband schaute, hörte sie

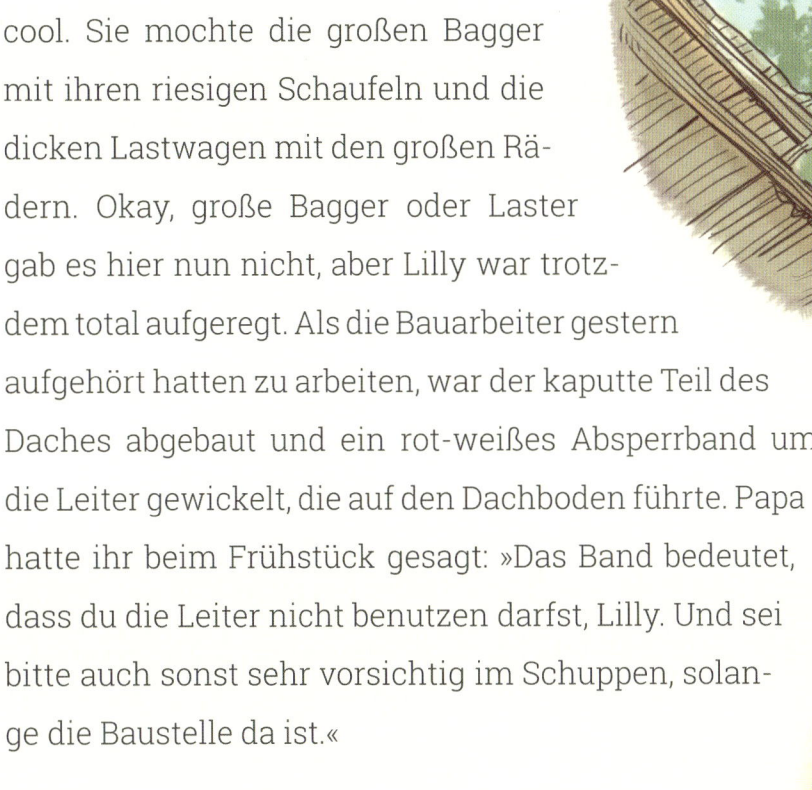

ein Rascheln. Es kam von der alten Schubkarre, die in der Ecke stand und voller Stroh war. In dem alten Schuppen waren nämlich nicht nur das Brennholz und die Gartenwerkzeuge untergebracht, sondern gleich vorne wohnten auch ein Hahn und vier Hühner. Papi wollte heute die Nester der Hühner mit frischem Stroh auffüllen und das lag schon in der Schubkarre bereit. Lilly schlich sich vorsichtig näher heran.

Hm, nun hörte sie nichts mehr. Hatte sie sich getäuscht? Lilly ging ganz nah an die Schubkarre und wollte gerade noch einmal angestrengt lauschen, als plötzlich ein kleiner brauner Kopf aus dem gelben Stroh herausschaute. Lilly erschrak und hielt sich schnell die Hand vor den Mund, weil ihr fast ein kleiner Schrei entwischt wäre. Aber das kleine Gesicht, das ängstlich zu ihr aufschaute, war irgendwie putzig. »Wer bist du denn?«, fragte Lilly erstaunt. Da streckte sich das winzige Gesicht und es kamen zwei Ärmchen zum Vorschein. Alles in allem schien das Wesen nicht größer als Lillys Hand zu sein. Lilly schaute genau hin. Sie sah, dass das Fell unter dem Gesicht und auf der Brust weiß war, und sie entdeckte auch, dass sich unter den Armen dünne Flügel spannten. »Du bist eine Fledermaus? Ja, wo kommst du denn her?«, flüsterte Lilly verwundert.

In diesem Moment kam Papa in den Schuppen und diesmal erschrak Lilly tatsächlich und quiekte laut. Der kleine Kopf verschwand im Stroh. »Ach hier bist du«, sagte Papa. »Ich habe mir

fast gedacht, dass dir die Baustelle keine Ruhe lässt. Wir können es uns später gemeinsam anschauen. Aber jetzt müssen wir los. Wir wollen doch Sandalen kaufen gehen und Papi wartet schon im Auto.«

Doch Lilly schüttelte den Kopf. »Papa, Papa, da im Stroh sitzt eine Fledermaus«, rief sie aufgeregt. »Also, ich glaube, dass es eine ist.«

Papa schob vorsichtig ein wenig von dem Stroh zur Seite. Da saß tatsächlich eine kleine braun-weiße Gestalt, die ihre Flügel um sich geschlungen hatte, als wolle sie sich darin verstecken. »Na, da schau her. Tatsache. Eine Fledermaus. Und wenn ich mich nicht täusche, ist sie noch ganz klein. Vielleicht war im Dachboden ein Nest und sie ist bei den Bauarbeiten herausgefallen?«, vermutete Papa und schaute nach oben zum Dach.

»Oh nein. Der Arme. Was machen wir denn jetzt?«, fragte Lilly besorgt.

»Wir machen gar nichts«, beruhigte sie Papa. »Ich bin mir sicher, die Eltern werden das Junge finden und zu sich holen, sobald hier niemand mehr ist. Deshalb lassen wir es jetzt mal besser in Ruhe.« Er strich Lilly über ihren Kopf und stutzte. »Wieso sagst du eigentlich der Arme? Es ist doch die Fledermaus?«, wollte er wissen und schaute Lilly amüsiert an.

»Na, weil er ein bisschen so schaut wie Ivan, wenn er etwas ausgefressen hat und Angst hat, dass seine Eltern es herauskriegen«, antwortete Lilly und grinste ihren Vater an. Ivan war Lillys bester Freund und wohnte im Haus gleich nebenan.

»Stimmt. Jetzt, wo du es sagst. Diesen Blick kenne ich. Den beherrschst du aber auch ganz gut«, grinste Papa zurück.

»Ich weiß gar nicht, was du meinst«, lachte Lilly und kniff ihren Vater liebevoll in den Arm. »Meinst du wirklich, wir können ihn hier so ganz alleine lassen?«

»Ich bin mir sicher, seine Eltern sind in der Nähe. Und wenn er später noch immer in der Schubkarre sitzt, rufen wir Opa an und fragen ihn um Rat. Nun komm schon. Wir wollen Papi nicht länger warten lassen.« Damit wandte Papa sich um und ging hinaus in den Garten.

Lilly drehte sich noch einmal zu der kleinen Fledermaus um und flüsterte: »Hab keine Angst. Ich komme ganz schnell wieder.« Das kleine, pelzige Tier reckte seine Stupsnase, schaute Lilly fragend in die Augen und legte den Kopf schief. »Ich glaube, ich werde dich Ludwig nennen«, sagte Lilly. »Papi hat mir mal eine Geschichte von einem Kaiser Ludwig vorgelesen. Da war auch ein Bild, er hat genau so viele Haare im Gesicht wie du.« Es schien Lilly fast, als würde die Fledermaus ein wenig lächeln. Sicher fand sie den Namen auch schön. Und sehr kaiserlich. »Bis später, Ludwig. Und nicht weglaufen«, rief Lilly, winkte noch einmal zum Abschied und sauste schnell zum Auto ihrer Väter. Sie mochte Schuhe kaufen eigentlich ganz gerne, aber heute würde sie sich beeilen, um schnell wieder zu Hause zu sein.

Ludwig macht die Nacht zum Tag

Es war bereits Nachmittag, als Lilly mit ihren Papas wieder zurück war. Sie hatten zwei Paar Schuhe gekauft und danach wäre Lilly am liebsten sofort wieder zu Ludwig gefahren. Aber sie hatten alle schrecklichen Hunger und gingen daher noch Schawarma essen. Lilly liebte Schawarma. Papa sagte, dieses Essen erinnere ihn an einen Urlaub in Ägypten, wo auch die großen Pyramiden stehen. Irgendwann wollte Lilly auch dorthin. Als Papi etwas später den Wagen vor dem Haus geparkt hatte, riss Lilly ungeduldig die Autotür auf und rief: »Ich muss schnell nach Ludwig sehen.« Sie sprang aus dem Auto und eilte zum Schuppen. Zuerst sah sie in der Schubkarre nur Stroh. Sie ließ enttäuscht die Schultern hängen. Doch plötzlich raschelte es und Ludwig blinzelte zwischen den Strohhalmen hervor. »Da bist du ja«, rief Lilly und klatschte in die Hände vor Freude. »Hm, anscheinend haben deine Eltern dich nicht abgeholt. Was machen wir denn nun mit dir?«

In diesem Moment landete eine schwarze Amsel im Gras neben dem Schuppen. Lilly schaute durch das kleine Fenster zu, wie sie mit flinken Bewegungen einen dicken Wurm aus der Erde zog und ihn im Schnabel davontrug. »Ich habe eine Idee«, verkündete Lilly und lief schnell zum Schuppen hinaus, um zu sehen, wohin die Amsel flog. In der Tat schien sie ganz in der Nähe ihr Nest zu haben. Lilly sah, wie sie in einen alten, dichten Strauch hineinflog. Sie lief hinterher und lugte vorsichtig durch die Zweige. Da war es.

Das Amselnest. Die Amsel war gerade dabei, den dicken Wurm an ihre Jungen zu verfüttern.

Lilly eilte entschlossen zurück in den Schuppen. Ganz behutsam hob sie Ludwig aus der Schubkarre heraus. Er krallte sich unsicher an ihren Händen fest und sie sah, wie dünn die Haut seiner Flügel war. »Hab keine Angst. Ich habe ein schönes Zuhause für dich gefunden. Dort gibt es leckere Würmer zu essen und das Nest sieht sehr gemütlich aus.«

Am alten Strauch angekommen, bog Lilly mit den Ellbogen die Äste zur Seite und setzte Ludwig sanft in das Amselnest. Zwei Vogeljunge beobachteten Ludwigs Ankunft mit neugierigen Augen. Lilly sagte: »So. Hier wird es dir hoffentlich gut gehen. Benimm dich schön artig. Ich komme morgen wieder, um nach dir zu schauen.« Daraufhin lief sie glücklich zum Haus. Es war zwar erst Samstag, aber sie wollte unbedingt ihre Hausaufgaben für die Schule schon heute erledigen, damit sie morgen den ganzen Tag Zeit hatte, um mit Ivan zu spielen. Sie wollten gemeinsam eine Puppenbühne basteln, mit Papierfiguren, die auf Holzstäbchen geklebt werden sollten.

Ludwig saß derweil still im Amselnest. Es war sehr weich und gemütlich. Die beiden Vogelkinder schauten ihn nach wie vor erwartungsvoll an. Ludwig fand, dass sie lustig aussahen. Sie hatten schon viele Federn, aber hie und da waren ein paar besonders große und die ragten kreuz und quer in die Höhe. Er schaute an sich herunter. Er hatte ein dichtes, flauschiges Fell. Er erinnerte sich, dass das Fell seiner Eltern noch viel dichter gewesen war und schön geglänzt hatte. Federn hatte er keine. Um ganz sicher zu sein, streckte er zaghaft seine Flügel aus. Aber auch da waren keine Federn. Nur dünne Haut. Aber die glänzte schon jetzt sehr schön.

Plötzlich kam die Amselmutter angeflogen. Sie war nicht schwarz wie der Vogelpapa, der den Wurm gebracht hatte, sondern braun. Sie hatte drei Käfer im Schnabel und sogleich rissen die Vogeljungen ihre Schnäbel weit auf. Ludwig ahmte es nach und riss auch sein Maul ganz weit auf. Schwupps, verteilte die Amsel in jeden Schnabel einen Käfer. Auch Ludwig bekam einen in den Rachen gesteckt. Fast hätte er sich verschluckt, aber nun mampfte er selig vor sich hin und lehnte sich gemütlich im Nest zurück. Der Käfer war lecker und herrlich knusprig. Hier gefiel es ihm. Die Amseleltern kamen abwechselnd herbeigeflogen und brachten jedes Mal etwas zu essen. Es gab nicht nur knusprige Käfer, sondern auch saftige Raupen, schlabberige Würmer und knackige Ameisen. Nach einer Weile war Ludwigs Bauch so voll, dass er keinen Happen mehr essen konnte. Er kuschelte sich ins weiche Nest und machte ein Nickerchen.

Als es in den Zweigen raschelte, wachte er auf. Es war bereits Abend geworden. Ludwig schaute verschlafen hoch und sah Lilly, die noch einmal vorbeigekommen war, um nach ihm zu sehen. »Na, dir scheint es ja gut zu gehen«, sagte sie zärtlich. »Das freut mich sehr. Hab eine gute Nacht, lieber Ludwig.« Schon lief sie wieder ins Haus zurück, wo ein warmes Licht aus dem Küchenfenster schien und es lecker nach Bratkartoffeln duftete.

Auf dem Dach des Hauses saß der Amselvater und sang eine wunderschöne Melodie. Ludwig lauschte eine Weile verträumt dem Gesang. Dann richtete er sich auf und kletterte mit seinen Flügeln ein wenig ungelenk auf den Rand des Nestes. Er war wach. Und wollte spielen. Die beiden Amselkinder blickten neugierig zu ihm hoch. Er schaute sie ermutigend an und kurz darauf kletterten und hüpften die drei fröhlich durch die Äste. Das machte vielleicht Spaß. Nachdem sie eine ganze Weile im Strauch hin und her getobt waren, wurden die Amselkinder ganz schläfrig. Ludwig erkannte, dass sie müde sein mussten. Und obwohl er selbst noch ewig hätte weiter herumturnen können, war er bereit, mit den anderen schlafen zu gehen. Er krallte sich mit den Füßen an einem Ast fest und ließ sich kopfüber nach unten hängen, wie das Fledermäuse eben so machen, wenn sie schlafen. Die Vogelkinder fanden das lustig und machten es ihm nach. Aber als ihre Äuglein zufielen, ließ auch die Kraft in ihren kleinen Füßchen nach und sie plumpsten eines nach dem anderen herunter. Glücklicherweise war der Busch so dicht, dass sie in ein weiches Bett aus Blättern fielen und dort selig weiter schlummerten.

Ludwig hing noch eine Weile an dem Ast und versuchte einzuschlafen. Aber so sehr er seine Augen auch zukniff, er war einfach nicht müde. Also kletterte er den Busch nach unten, um nach den Vogelkindern zu schauen. Eine Motte flog an ihm vorbei. Bei ihrem Anblick verspürte Ludwig schon wieder ein wenig Hunger. Er schnappte nach ihr, aber die Motte war zu schnell. Sie schwirrte einmal um seinen Kopf und verschwand in der Nacht. Ludwig ließ sich aber nicht ärgern und nutzte den Rest der Nacht, um das Gebüsch weiter zu erkunden und auf die schlafenden Amselkinder aufzupassen.

Ein Huhn auf dem Kopf

Am nächsten Morgen ging die Sonne auf und der Hahn krähte laut, um den Tag zu begrüßen. Ludwig war die ganze Nacht wach gewesen. Im Licht des frühen Tages hatten die Amseleltern ihre Kinder gesucht. Jetzt schimpften sie mit den Kleinen, denn sie waren voller Sorge gewesen. Unter den strengen Blicken der Eltern hüpften die Kinder von Ast zu Ast wieder in das Nest zurück. Kopfüber zu schlafen schien wohl nichts für kleine Amselkinder zu sein. Die Amselmutter warf Ludwig noch einen gutmütigen Blick zu und hüpfte ihren Kindern hinterher. Ludwig seufzte. Anscheinend passte er nicht wirklich in diese Familie hinein. Da hörte er Lillys Stimme, die schon früh im Garten war, um Beeren für das morgendliche Müsli zu pflücken und Eier zu holen. Ludwig kletterte freudig an den Rand des Busches und wurde sofort von Lilly entdeckt.

»Guten Morgen, Ludwig«, rief sie und kam herbeigelaufen. »Wie geht es dir? Ich will gleich Himbeeren pflücken für unser Müsli. Damit schmeckt es immer ganz besonders lecker. Äh, warum bist du nicht bei den Amseln im Nest?« Ludwig schaute rüber in Richtung Nest und irgendwie konnte Lilly fühlen, dass etwas nicht stimmte. »Hm. Das hat dann wohl nicht geklappt, wie?«, fragte sie.

Ludwig schüttelte verlegen seinen Kopf. Lilly lächelte ihm aufmunternd zu. »Na, das macht nichts. Wir werden einfach weiter schauen, bis wir ein schönes Zuhause für dich gefunden haben, okay?«

Ludwig strahlte und kletterte auf Lillys Hände, die sie ihm entgegenstreckte. Gemeinsam gingen sie zum Hühnerstall. Lilly hatte den Korb für die Eier unter dem Arm. Sie wollte heute Mittag mit Papi zusammen Pfannkuchen backen. Als sie die Tür zum Hühnerstall öffnete, kamen die Hühner bereits herbeigelaufen. Sie schauten neugierig auf die Fledermaus in Lillys Händen und auch Ludwig blickte aufmerksam nach unten. »Hallo Lotta, hallo Emma, hallo Pauline, hallo Trudchen, hallo Pavarotti. Wie geht es euch heute Morgen?«, begrüßte Lilly fröhlich die gackernden Bewohner des Hühnerstalls. Sie hatte die Namen der Hühner gemeinsam mit ihren Vätern ausgesucht und war sehr stolz auf die schönen Namen. »Habt ihr ein paar leckere Eier für uns gelegt?« Suchend sah sie sich um. »Oh, ja. Da sind ja drei Stück. Na, die sollten für unsere Pfannkuchen reichen.« Sie setzte Ludwig vorsichtig in ein leeres Nest, damit sie die Hände frei hatte, um die Eier einzusammeln.

Ludwig sah sich im Nest um. Ihm war ein wenig kalt. Die Sonne hatte die kühle Nachtluft noch nicht vertrieben. Außerdem war er müde, weil er die ganze Nacht herumgeturnt hatte. Er raschelte ein wenig mit dem Stroh und fand es sehr bequem in dem Nest. Plötzlich flatterte ein Huhn vom Boden auf den Rand des Nestes. Ludwig erschrak und wollte schon zu Lilly hinüberklettern. Aber das Huhn sah irgendwie … nett aus. Ganz vorsichtig stieg es zu Ludwig ins Nest und setzte sich kurzerhand auf ihn drauf. So machen das Hühner, wenn sie ihre Küken wärmen. Lilly sah es und lachte. »Ach, Trudchen. Ludwig ist doch kein Hühnchen. Er hat sicher Angst, wenn du so aufdringlich bist«, sagte sie. Sanft schob sie das Huhn mit der Hand zur Seite. Es gackerte einen leisen Protest. Als Lilly Ludwig unter dem weichen Gefieder fand, lag er ins Nest gekuschelt und war eingeschlafen. »Ach, herrje«, sagte sie liebevoll. »Na, der war wohl ganz schön müde. Entschuldige bitte, Trudchen. Du hast es genau richtig gemacht.« Trudchen plusterte sich auf und breitete ihr sanftes Gefieder wieder über der schlummernden Fledermaus

aus. »Na ja, dann lasse ich Ludwig am besten hier bei dir. Pass mir nur gut auf ihn auf. Und lass ihm kein Ei auf den Kopf fallen, hörst du?« Die Henne gluckste zufrieden. Als Lilly den Stall verließ, freute sie sich, dass Ludwig gut versorgt war.

Am Himbeerstrauch entdeckte Lilly Papa. Er pflückte schon eifrig Himbeeren. Ups, das hatte sie vor lauter Sorge um Ludwig ganz vergessen. Als Papa Lilly entdeckte, sagte er lächelnd: »Ich dachte, ich helfe dir ein wenig, während Papi das Müsli vorbereitet …«

Er wollte noch mehr sagen, doch Lilly plapperte ganz aufgeregt los: »Papa, Ludwig ist bei den Hühnern eingezogen. Trudchen hat sich auf ihn gesetzt und ich hatte schon Angst, dass sie ihn plattdrücken könnte. Aber er ist einfach eingeschlafen.«

»Na, da war er wohl besonders müde«, lachte Papa.

Lilly schüttelte ungläubig den Kopf. »Aber warum sollte er denn müde sein? Der Tag fängt doch gerade erst an?«, fragte sie.

»Weißt du, mein Schatz, Fledermäuse sind nachtaktive Tiere. Das bedeutet, dass sie in der Nacht wach sind und am Tag schlafen«, antwortete Papa.

»Wie bitte? Sie sind die ganze Nacht wach? Und schlafen kein bisschen? Aber was machen sie denn die ganze Nacht im Dunkeln?«, fragte Lilly und schaute Papa mit großen Augen an.

»Na ja, für Fledermäuse ist es nachts gar nicht so dunkel. Das kann dir Opa mal ganz genau erklären. Der kennt sich bestens damit aus. Du kannst ihn nach dem Frühstück anrufen. Da freut er sich bestimmt. Jetzt reich mir bitte mal den Korb. Ich habe genug Beeren für uns drei gepflückt und sie purzeln mir gleich aus den Händen.«

Lilly hielt Papa den Korb hin und er ließ die Beeren sanft hinein-
kullern. Sie schaute ihren Vater nachdenklich an und sagte: »Du,
Papa? Vielleicht bin ich ja auch nachtaktiv? Und vielleicht fällt es
mir deshalb so schwer, abends ins Bett zu gehen?«

Ihr Vater schaute Lilly ernst an. »Das würde mich in der Tat nicht
wundern. Dreh dich mal rum, ich schau mal, ob dir schon ein paar
Fledermausflügel wachsen.« Er fing an zu lachen und Lilly musste auch kichern. »Ach Papa. Du veräppelst mich ja nur«, sagte sie.
Darauf drückte Papa Lilly fest an sich und küsste ihr Haar. Gemeinsam gingen sie Hand in Hand
zurück ins Haus.

Nachdem sie alle gefrüh-
stückt hatten und Papa und
Papi es sich mit der Zeitung
und einer zweiten Tasse Kaf-
fee in der Küche gemütlich
gemacht hatten, lief Lilly zum
Telefon und wählte die Nummer ihres Großvaters. Sie wusste, dass er auch
ein Frühaufsteher war und sicher schon
längst gefrühstückt hatte.

»Dieter Gernandt« sagte die Stimme
am anderen Ende.

»Hallo Opa, ich bin's. Lilly«, meldete sich Lilly fröhlich.

»Ach, Lilly, mein Sonnenschein. Wie geht es dir? Warst du wieder früh auf und hast Beeren fürs Müsli ge-pflückt?«, fragte Opa. »Was gab es denn heute? Blaubeeren?«

»Nein«, gab sie zurück. »Die haben Ivan und ich vorgestern alle ge-pflückt. Wir wollten Blaubeerkuchen backen, aber sie waren so lecker, dass wir sie alle gleich weggeschmatzt ha-ben.« Sie wurde ein wenig rot bei dem Ge-danken. Aber die frischen Beeren waren einfach zu lecker gewesen und Ivan und sie hatten sich nicht beherrschen können.

Opa lachte. »Mach dir keine Sorgen. Erstens werden schon in ein paar Tagen die nächsten reif sein und zweitens hat dein Vater früher auch immer alles schneller verschlungen, als ich ernten konnte. Du bist da genau wie er.«

Sie konnte deutlich hören, wie Opa bei der schönen Erinnerung lächelte. »Opa, sag mal, was weißt du denn über Fledermäuse? Ich habe nämlich eine gefunden. Sie ist noch klein und anscheinend aus dem Nest gefallen«, erzählte Lilly aufgeregt.

»Das war wohl im Schuppen, wie? Dort waren schon immer Fledermäuse im Dachstuhl«, sagte Opa.

»Ja, genau«, erwiderte Lilly. »Das Dach war kaputt und wird jetzt repariert. Vielleicht war es den Fledermäusen zu laut und sie sind einfach ohne ihn weggeflogen. Ich habe ihn gerade bei den Hühnern untergebracht. Da scheint er sich wohlzufühlen.« Lilly erzählte Opa mitfühlend und auch ein klein wenig stolz die ganze Geschichte.

Opa lachte wieder sein brummendes Lachen. »Das ist in der Tat außergewöhnlich. Fledermäuse sind Säugetiere. Sie werden normalerweise von ihren Müttern großgezogen und bekommen Milch, wie alle Säugetiere«, erklärte Opa.

»Milch? Von einer Fledermaus? Hat die denn ein Euter? Wie eine Kuh?«, fragte Lilly.

Opa lachte. »Du hast eine tolle Fantasie. Nein, sie hat kein Euter, aber Zitzen«, antwortete er. »Da-

raus saugen die Fledermausjungen Milch. Nach einer Weile werden sie mit Insekten gefüttert. Dann lernen sie von ihren Müttern das Fliegen und Jagen.«

»Papa hat mir gesagt, dass Fledermäuse in der Nacht wach sind. Aber wie können sie denn im Dunkeln Futter finden?«, fragte Lilly nachdenklich.

»Vielleicht ist dir aufgefallen, dass die Fledermaus sehr große Ohren hat«, erklärte Opa. »Wenn Fledermäuse nachts jagen gehen, dann benutzen sie nicht die Augen, wie wir Menschen das tun. Sie suchen mit ihren Ohren. Sie rufen in die Nacht und wenn ihr Ruf auf ein Insekt trifft, hören sie einen Ton. So ein bisschen wie bei einem Echo. Sie hören genau, wo sich das Insekt befindet und schnappen es sich.«

»Ach, so ist das. Ein Echo habe ich schon mal erlebt, als wir in den Bergen wandern waren. Jetzt verstehe ich, weshalb sie nachts wach sind und ihnen die Dunkelheit gar nichts ausmacht «, erwiderte Lilly.

»Bestimmt ist deine Fledermaus bald schon groß genug, dass sie sich ihre Beute selbst suchen kann«, sprach Opa weiter. »Wenn sie schon Fell hat, kannst du versuchen, sie mit Insekten zu füttern. Und wichtig ist auch, dass sie warmgehalten wird.«

»Oh, das macht Trudchen schon toll«, gluckste Lilly. »Sie hat Ludwig gleich unter ihre Federn genommen und er ist dort sofort eingeschlafen. Und Fell hat er auch schon.«

»Ludwig? Du hast die Fledermaus Ludwig genannt?«, fragte Opa.

»Ja, wie Kaiser Ludwig, weißt du? Der hatte doch auch so viele Haare im Gesicht. Ein bisschen wie Papi. Nur noch viel mehr«, antwortete Lilly.

Jetzt prustete Opa, dass es im Telefonhörer nur so schepperte. »Dein Papi als Kaiser Ludwig. Das ist eine tolle Vorstellung. Ich glaube, dein Papi ist sehr stolz auf seinen Bart«, sagte er. »Und was deinen Ludwig angeht, so musst du etwas Geduld haben. Wenn seine Mutter aus dem Dachboden verschwunden ist, bezweifle ich, dass sie zurückkommt. Dann kannst du ihn mit Käfern oder

Würmern füttern und hoffen, dass er bald kräftig genug ist, um selbst zu fliegen.«

Lilly strahlte und sagte nickend: »Das ist kein Problem. Ivan findet Käfer doch so spannend. Der weiß bestimmt, wo ich welche finden kann. Danke, Opa. Du bist der Beste. Wir sehen uns am Montag, nach meinem Klavierunterricht, ja?«

»Wie immer«, sagte Opa. »Ich hole dich pünktlich um 15 Uhr ab. Hab einen schönen Tag, mein Sonnenschein. Und grüß mal deine Papas.«

Käfer für Ludwig

Nachdem Lilly aufgelegt hatte, lief sie wieder in den Garten und setzte sich auf die Schaukel. Sie musste nachdenken. Ludwig hatte schon Fell und sah auch schon nach einer kräftigen kleinen Fledermaus aus. Trudchen hielt ihn schön warm und Käfer konnte Lilly mit Ivans Hilfe sicher finden. Aber wer brachte ihm das Fliegen bei? Emma, Pauline, Trude und Lotta waren beileibe keine Flugkünstler. Hühner blieben die meiste Zeit am Boden.

Während Lilly so auf der Schaukel saß, fiel ihr Blick auf die Rosensträucher. Dort hatte einmal einen Zaun aus Holz gestanden, der mit der Zeit jedoch so verwittert war, dass er eines Tages einfach umfiel. Lilly erinnerte sich noch gut daran, wie das morsche Holz in ihren Händen in viele kleine Stücke zerbröselt war. Sie hatte das ganz spannend gefunden und mit Ivan viel Spaß dabei gehabt, immer mehr Teile des Zauns zu zerreiben – bis Ivan sich irgendwann einen Splitter in der Hand geholt hatte. Er hatte versucht, nicht zu weinen, aber es war ihm anzusehen gewesen, dass es sehr weh tat. »Du darfst ruhig weinen«, hatte Lilly gesagt.

»Nein«, hatte Ivan grimmig geantwortet. »Männer weinen nicht.«

Darauf hatte Lilly gelacht und erwidert: »Aber du bist doch noch gar kein Mann. Außerdem ist das Quatsch. Jeder darf weinen. Mein Papi sagt immer, dass auch starke Menschen zugeben, wenn etwas weh tut oder man traurig ist. Und außerdem bin ich doch deine Freundin. Du musst dich vor mir nicht schämen.«

Ivan hatte weiter versucht, grimmig zu schauen. Aber dann war er ein wenig rot geworden und hatte ganz kleinlaut gesagt:

»Ich schäme mich nicht vor dir. Und na gut, es tut wirklich ganz schön weh.«

Lilly hatte in diesem Moment gesehen, dass ihm doch eine kleine Träne über die Wange rann. Der Splitter war nämlich unter seinen Fingernagel geraten und Lilly hatte schon damals aus eigener Erfahrung gewusst, dass das sehr wehtat. Sie hatte Ivan die Hand auf den Arm gelegt und aufmunternd gesagt: »Komm, wir gehen zu Papi. Der hat eine Pinzette, mit der er den Splitter herausziehen kann.«

Und so war es gekommen, dass ihre Väter einen Tag später mit Ivans Eltern über den alten Zaun gesprochen und gemeinsam entschieden hatten, dass sie keinen neuen mehr aufstellen würden.

Lilly und Ivan hatten gejubelt vor Freude. So würden sie von nun an einfach immer von einem Garten in den anderen laufen können, wenn sie mal hier ein Spielzeug holen oder dort ein paar Kekse aus der Küche stibitzen wollten. Dass die Hühner seitdem ab und an auch in den Garten von Ivans Familie marschierten, war auch kein Problem. Frau Orlow, Ivans Mutter, hatte gestrahlt und gesagt: »Das ist überhaupt nicht schlimm. Im Gegenteil. Als ich klein war und noch in Russland lebte, hatten wir immer Hühner. Ich mag es, wenn sie durch den Garten spazieren. Und auch der Hahn erinnert mich an zu Hause. Es ist ganz wunderbar, wenn er uns morgens mit seinem fröhlichen Krähen weckt.«

Am darauffolgenden Wochenende hatten sie alle gemeinsam das alte Holz des Zauns komplett entfernt. Nach getaner Arbeit hatte Papa den Grill angemacht und sie hatten alle gemeinsam gegessen. Frau Orlow hatte ihren leckeren russischen Salat gemacht, für den Lilly ihr extra ein paar Eier ihrer Hühner gebracht hatte. Lilly konnte von diesem Salat nie genug bekommen. Nach dem Essen waren sie und Ivan laut gackernd zwischen den Gärten hin und her gerannt und hatten sich gefreut, dass sie nun kein Zaun mehr trennte.

Während Lilly an diesen schönen Tag zurückdachte, bemerkte sie einen Schatten, der hinter den Rosenbüschen entlangschlich. Sie tat so, als hätte sie nichts gesehen. Erst als Ivan hinter dem Busch hervorsprang und laut »Buh« rief, schaute sie in seine Richtung und lachte.

»Och Manno. Nie erschreckst du dich«, sagte Ivan enttäuscht.

Lilly versuchte, sich das Lachen zu verkneifen, und sagte schließlich: »Ach, Ivan. Du bist halt einfach kein Leopard, der sich leise anschleicht. Ich habe es rascheln gehört und dich durch die Büsche sehen können. Du bist eben ein starker Bär.« Sie hatte Ivan von Anfang an gemocht. Die meisten Leute fragten sie immer, warum sie zwei Papas hatte. Dann musste sie erklären, dass sie ein Pflegekind war, deren eigene Eltern sich nicht um sie kümmern konnten, und dass sie deshalb bei Papa und Papi lebte. Das nervte

sie manchmal, denn für sie waren Papa und Papi einfach ihre Eltern. Ivan hatte gar nicht gefragt. Er sagte einfach nur, dass er es
richtig cool fand, dass sie zwei Papas hatte.

Jetzt schaute er durch seine langen blonden Haare, die ihm mittlerweile bis tief in die Stirn fielen, und grinste. »Wie geht es dir,
Kuritsa?« Kuritsa war russisch und bedeutete »Hühnchen«. Ivan

nannte Lilly gerne »kleines Hühnchen«. Sie fand das nicht ganz so schmeichelhaft wie starker Bär, aber sie wusste, dass er es lieb meinte.

»Mir geht's prima. Ich war gestern mit Papa und Papi Schuhe kaufen und habe auch schon alle meine Hausaufgaben gemacht. Das heißt, wir haben den ganzen Tag Zeit zum Spielen. Und ich muss dir auch ganz dringend etwas zeigen.«

»Okay, aber ich habe meine Hausaufgaben gestern nicht alle geschafft. Ich … äh … wollte dich fragen, ob du mir vielleicht helfen kannst.« Ivan schaute verlegen auf den Boden. »Ich habe die Aufgaben in Deutsch nicht richtig verstanden. Wenn du die schon gemacht hast …« Er wurde immer leiser, während er sprach.

»Wirst du sie auf keinen Fall bei mir abschreiben«, erwiderte Lilly streng. »So lernst du das nicht. Und du möchtest das doch selbst können, oder? Du bist manchmal echt ein Drückeberger.«

»Das stimmt nicht. Also, na ja, nicht immer. Aber du bist so gut in Deutsch und du kannst so schön schreiben. Bei mir sieht es immer aus, als wären deine Hühner über mein Blatt gerannt«, sagte Ivan zerknirscht.

Da musste Lilly lächeln. Ivan tat ihr auch ein wenig leid. Er konnte super rechnen. Aber lesen und schreiben bereitete ihm manchmal

Schwierigkeiten. »Außerdem spreche ich mit meinen Eltern meistens russisch. Kein Wunder, dass ich Deutsch nicht kann«, sagte Ivan und sah unglücklich aus.

Lilly hielt Ivans Kinn fest und schaute ihm direkt in die Augen. »Jetzt hör mal zu, Ivan Alexej Orlow. Du sprichst genauso gut Deutsch wie jeder andere hier. Nur weil Finn dich immer ärgert, möchte ich nicht, dass du so einen Quatsch sagst. Deine Eltern sind so lieb. Und ich finde es super, dass du schon zwei Sprachen kannst. Ich werde ganz viel lernen müssen, wenn wir später mal Englisch oder Spanisch in der Schule bekommen. Außerdem ist nicht jeder in allen Fächern gleich gut, sagt Papi immer. Dafür bist du in Sport viel besser als Finn, dieser Dummerjan«, sagte Lilly aufgebracht. Sie hatte sich richtig in Rage geredet.

»Oy. Beruhige dich, Kuritsa. Ich bekomme sonst noch Angst vor dir, wenn deine Augen so wütend funkeln«, sagte Ivan und hob abwehrend die Hände. Dann machte er ein flehendes Gesicht und fragte: »Hilfst du mir also mit den Hausaufgaben? Bitte?«

»Na gut«, sagte Lilly. »Aber nur, wenn du versprichst, nicht mehr so einen Quatsch zu erzählen. Aber jetzt komm schon. Ich will dir etwas Wichtiges zeigen.«

Lilly sprang von der Schaukel, nahm Ivan an der Hand und zog ihn zum Hühnerstall. Als sie hineinkamen, wurden sie gleich von den Hühnern umringt. »Ach herrje. Papi hat den Haferbrei noch nicht hergebracht. Die Mädels haben ordentlich Hunger. Ja, ich weiß. Du auch, Pavarotti«, fügte Lilly hinzu, als der Hahn sie empört beäugte. »Den Brei können wir gleich noch holen und die Hühner füttern, und dann gehen wir zu dir und machen deine Aufgaben.« Lilly machte eine geheimnisvolle Pause. Dann winkte sie Ivan zu einem der Nester. »Aber jetzt schau mal hier. Was ich gefunden habe.« Lilly ging zum Nest, auf dem Trude saß und sagte zu der Henne: »Rück mal bitte zur Seite, Trudchen, damit ich Ivan Ludwig vorstellen kann.«

»Ludwig? Wer ist denn Ludwig? Habt ihr noch einen Hahn bekommen?«, fragte Ivan erstaunt.

Trudchen schaute zwischen Ivan und Lilly hin und her, als überlegte sie, ob sie überhaupt aufstehen wollte. Dann aber hob sie ihren Po und zum Vorschein kam die kleine, pelzige Fledermaus. Ludwig schaute den dürren Jungen verschlafen an und riss sein kleines Maul weit auf, um zu gähnen. Ivan machte vor Schreck einen Schritt zurück. »Uh, was ist das denn?«, fragte er bange und runzelte die Stirn.

»Nun stell dich nicht so an und komm her«, sagte Lilly und zog ihn am Arm wieder näher an das Nest. »Ludwig, darf ich vorstellen? Das ist Ivan. Ivan ist mein bester Freund. Ivan, das ist Ludwig. Ludwig ist anscheinend aus seinem Nest gefallen, als die Bauarbeiter das Dach repariert haben. Ich habe ihn in unserer Schubkarre gefunden.«

»Und jetzt wird er von einem Huhn ausgebrütet?«, fragte Ivan verwirrt.

»Ach, du Quatschkopf. Ludwig ist doch kein Ei.«

Ludwig reckte das Kinn und schaute Ivan empört an. »Und Fledermäuse kommen auch nicht aus Eiern, sondern werden von ihrer Mutter geboren«, erklärte Lilly weiter. »Aber seine Mutter ist nicht mehr da. Ich habe ihn deshalb gestern zu den Amseln gesetzt. Ich dachte, sie fliegen doch auch und füttern fleißig ihre Jungen, und vielleicht würde Ludwig sich dort wohlfühlen. Aber irgendwie hat das nicht geklappt und ich habe ihn

heute Morgen auf einem Ast wiedergefunden.« Lilly sah nachdenklich aus. Dann aber strahlte sie über das ganze Gesicht und fuhr fort. »Und dann habe ich ihn zu Trudchen gesetzt und er ist in ihrem kuscheligen Nest gleich eingeschlafen. Es geht ihm hier bestimmt sehr gut. Wir brauchen nur jemanden, der ihm das Fliegen beibringt. Aber vorher müssen wir Käfer finden, um ihn zu füttern. Ich dachte, dass du mir dabei helfen kannst. Du weißt doch bestimmt, wo wir welche finden können, oder?« Lilly sah Ivan erwartungsvoll an.

»Klar weiß ich, wo wir Käfer finden«, sagte der. »Aber woher wissen wir denn, welche er mag? Und wie sollen wir ihm das Fliegen beibringen? Ehrlich, Lilly, ich bin nicht sicher, ob er das alles ohne seine Mutter schaffen kann.«

Lillys Lächeln verschwand. Sie schaute Ivan ernst an und sagte leise: »Meine Mutter ist auch nicht da. Und ich schaffe es auch.«

Ivan lief rot an und stammelte: »Ach Lilly, das habe ich doch nicht so gemeint. Tut mir leid. Bitte sei nicht böse.«

Lilly schaute traurig auf den Boden. »Ich bin nicht böse. Ich fühle mich nur manchmal … auch wie eine Fledermaus, die nicht fliegen kann. Ich habe Papa und Papi und Opa und die ganzen Tanten und Onkels und Cousins und Cousinen. Eine große Familie, so wie du. Und ich könnte es mir auch gar nicht schöner vorstellen. Aber manchmal bin ich ein wenig traurig. Dann überlege ich, ob mir etwas fehlt. Aber ich könnte nicht einmal sagen, was genau. Wenn ich Patrizia sehe, die von ihrer Mutter zur Schule gebracht wird, und beide haben das gleiche Kleid an … dann bin ich fast ein wenig neidisch. Ich weiß, das klingt bestimmt blöd.« Ludwig saß in seinem Nest und schaute mit großen Augen zwischen Lilly und Ivan hin und her.

Jetzt war es Ivan, der sanft Lillys Kinn hob, bis sie ihm in die Augen schauen musste. »Quatsch mit Soße«, sagte er. »Das klingt gar nicht blöd. Ich kann es zwar nicht genau verstehen, wie es ist, keine Mutter zu haben. Weißt du, ich wünsche meine manchmal auf den Mond, wenn sie meckert, weil ich mein Zimmer nicht aufgeräumt habe oder meine Jacke auf dem Boden liegen lasse. Aber vielleicht tröstet es dich, dass Patrizias Mutter einen totalen Tobsuchtsanfall bekommen hat, als sie Patrizia nach der Schule abgeholt hat. Der ist nämlich in der Pause das Marmeladenbrot in den Schoß gefallen und das ganze Kleid war voller Kirschmarmelade. Und ich habe auch gehört, dass ihre Mutter total viel arbeitet und nie wirklich Zeit hat. Da sind deine Papas viel cooler. Sie nehmen sich immer Zeit und ihr spielt zusammen und bastelt zusammen und macht oft so tolle Ausflüge«.

Ein kleines Lächeln erschien auf Lillys Gesicht und sie wischte sich eine Träne aus den Augen.

»Und ich wette, dein Papi würde auch ein gleiches Kleid mit dir zusammen anziehen, wenn du ihn fragst. Das wäre bestimmt der Knaller und in der Schule würden allen die Augen herausfallen. Vor allem Patrizia.« Ivan grinste schief und Lilly kicherte erst leise. Dann musste sie laut loslachen. Auch Ivan fing an zu lachen und nach einer Weile hielten sich beide den Bauch.

»Ob Papi das wirklich machen würde, weiß ich nicht. Aber du hast recht. Ich habe die allerbesten Eltern auf der ganzen Welt«, sagte Lilly, während sie nach Luft japste. »Und den besten Freund dazu«, sagte sie und zauste seine blonden Haare.

Ivan lächelte Lilly fröhlich an. »Also. Dein Fledermäuserich hat bestimmt Hunger. Lass uns als Allererstes ein paar Käfer suchen. Ich weiß, wo wir viele verschiedene finden. Dann kann er sich die leckersten aussuchen.«

Lilly runzelte die Stirn. »Also wenn ich an Käfer denke, denke ich nicht an lecker«, sagte Lilly und musste sich schütteln. »Aber ich muss sie ja auch nicht essen. Ludwig, wir sind gleich wieder da, ja?« Während Ivan Lilly an der Hand nahm und aus dem Stall zog, setzte sich Trudchen wieder auf das Nest und man vernahm Ludwigs kleines, glückliches Seufzen.

Nachdem Lilly und Ivan Ludwig mit frisch gefangenen Käfern gefüttert hatten und er sich mit dankbarem Gesicht und dickem Bauch unter Trudchens Federn gekuschelt hatte, wollte Ivan gleich spielen. Aber Lilly erinnerte ihn daran, dass sie zuerst noch seine Hausaufgaben machen mussten. Sie taten das gemeinsam. Mit frisch gebackenen Keksen von Frau Orlow und zwei großen Tassen Kakao ging es wie am Schnürchen. Ivan strengte sich mächtig an und Lilly war sehr stolz auf ihren besten Freund. Danach bastelten sie in Lillys Zimmer an ihrem kleinen Kartontheater, bis Papi sie irgendwann daran erinnerte, dass sie noch in die Badewanne musste.

»Ist es schon so spät?«, seufzte Lilly. »Menno, die Sonntage gehen irgendwie immer so schnell herum. Sie badete zwar gerne und sie mochte es auch, am Sonntagabend ihren Ranzen für die Schule am nächsten Morgen zu packen, damit die neue Woche ganz in Ruhe begann. Doch der Tag mit Ivan war so schön gewesen, dass sie gar nicht gemerkt hatte, wie die Zeit vergangen war.

»Ich weiß, mein Schatz. Aber morgen ist ja auch noch ein Tag. Und ihr seht euch ja gleich morgen früh auf dem Weg zur Schule«, tröstete sie Papi und schaute Ivan an. »Au ja. Dann bringe ich noch mehr von den Keksen mit. Wenn mein Papa sie bis dahin nicht alle aufgegessen hat. Mama versucht immer, sie vor ihm zu verstecken, aber meistens findet er sie doch«, antwortete Ivan mit breitem Grinsen und Lilly musste kichern.

»Ich zieh dann mal los. Wir sehen uns morgen, Kuritsa.« Ivan sprang auf, winkte Lilly und ihrem Vater noch einmal zu und lief aus Lillys Zimmer hinaus und die Treppe hinunter. Lilly ging zum Fenster. Ivan winkte immer noch einmal aus dem Garten und wie immer winkte Lilly zurück. Es war ihr kleines Ritual und sie machten es auch umgekehrt, wenn Lilly bei Ivan gespielt hatte.

Selbst als sie Ivan schon nicht mehr sehen konnte, blieb Lilly trotzdem noch am Fenster stehen und schaute hinaus. Papi beobachtete sie von der Tür aus. »Die Rosen blühen so schön«, sagte Lilly.

»Ja, finde ich auch. Das liegt vor allem daran, dass Opa sie im Frühjahr so toll geschnitten hat«, sagte Papi.

»Ja, Opa ist einfach der Beste«, erwiderte Lilly. Papi fiel auf, dass sie nicht so ganz bei der Sache war. Er ging zum Fenster und legte seine Arme um ihre Schultern. »Ist alles okay?«, fragte er. »Du wirkst ein wenig bedrückt.«

»Ach nein. Es ist alles okay eigentlich«, antwortete Lilly und schaute weiter aus dem Fenster, um Papi nicht anschauen zu müssen.

»Eigentlich?«, fragte Papi und strich Lilly sanft durch ihr Haar.

»Na ja … Ivan und ich waren heute bei Ludwig. Und dann sagte Ivan, dass er nicht glaubt, dass aus Ludwig etwas wird, so ganz ohne seine Eltern … ohne seine Mutter«, sagte Lilly leise.

»Und das hat sich komisch angefühlt?«, fragte Papi.

»Irgendwie schon«, sagte Lilly.

Papi drückte Lilly an sich und sagte: »Ich weiß, es fühlt sich manchmal doof an, meine Motte. Und ich kann das auch nicht ändern. Und ich möchte das auch gar nicht ändern. Das Leben geht seinen Weg und wir müssen stets das Beste daraus machen. Wenn deine Mutter da wäre, dann wärst du nicht bei uns.

Und Papa und ich würden dich unendlich vermissen. Und Opa erst. Wer würde ihm denn dann ständig Löcher in den Bauch fragen?« Lilly bemerkte, wie ein kleines Lächeln an ihren Mundwinkeln zupfte. Papi fuhr fort: »Aber ganz im Ernst. Manchmal fühlt sich das Leben einfach komisch an. Das ist okay. Und das sollst du immer sagen, wenn dir danach ist. Es bedeutet aber auch, dass du dir Gedanken machst. Um dich. Und um andere. Und das finde ich großartig. Ich habe heute mitangehört, wie du mit Ivan gesprochen hast, weil Finn ihn hänselt. Das hast du toll gemacht und ich bin mächtig stolz auf dich. Ich könnte mir keine bessere Tochter wünschen.«

»Und ich mir keine besseren Eltern«, sagte Lilly und drehte sich herum, um Papi richtig fest zu drücken.

Der sagte aufmunternd: »Und für Ludwig finden wir auch noch ein Zuhause mit tollen Eltern. Mach dir keine Sorgen. Er wird eine große, starke Fledermaus, die all die lästigen Stechmücken aus unserem Garten fängt.«

Lilly lehnte sich zurück und sah ihrem Vater in die Augen. »Ganz sicher?« fragte sie.

»Ganz sicher«, sagte Papi. »Und nun ab mit dir in die Badewanne. Du duftest ein wenig nach Hühnerstall.«

Lilly verdrehte die Augen, flatterte mit den Armen und rief: »Booock, bock, bock.«

Papi lachte, nahm sie auf den Arm und trug sie zur Tür hinaus Richtung Bad.

Als Lilly später bereits selig in ihrem Bett schlummerte, wurde Ludwig wach. Er kroch unter Trudchens weichen Federn hervor und schaute sich um. Trude schlief tief und fest und schnarchte leise. Ludwig schaute über den Rand des Nestes. Er hatte Hunger. Er hatte sich sehr über die leckeren Käfer gefreut, die Lilly und Ivan ihm am Mittag gebracht hatten. Aber das war schon eine ganze Weile her und sein Magen knurrte. Er wollte gerade vorsichtig aus dem Nest klettern, da öffnete Trudchen ein Auge, erblickte Ludwig und schnappte liebevoll, aber gewissenhaft mit dem Schnabel nach ihm. Ludwig hüpfte zur Seite, aber im nächsten Moment hatte Trudchen ihn im Genick gepackt und zog ihn zurück ins Nest. Dann setzte sie sich wieder auf ihn, um ihn warm zu halten. Trudchen war ein sehr pflichtbewusstes Huhn. Sie hatte Lilly sehr ernst genommen, als diese gesagt hatte, sie solle gut auf die kleine schutzlose Fledermaus aufpassen. Und genau das würde sie auch tun.

Ein fürchterlicher Schreihals

Als am Montagmorgen die Sonne aufging, krähte Pavarotti aus vollem Halse. Es war noch sehr früh. Lillys Eltern hatten den Hühnerstall extra abgedunkelt, damit der Hahn die Nachbarn nicht zu früh wecken würde. Aber irgendetwas kribbelte in Pavarotti und auch wenn er es im Stall nicht sehen konnte, spürte er einfach, dass es draußen anfing, hell zu werden. Und so krähte er ein ums andere Mal. Die übrigen Hühner waren das schon gewohnt. Hie und da öffnete mal ein Huhn ein Auge, um zu sehen, ob schon jemand die Hühnerklappe aufgemacht hätte. Aber dann drückten alle die Augen wieder zu und schlummerten weiter. Ludwig aber war das ganz und gar nicht gewöhnt. Er fand das Geschrei des Hahnes unerträglich und versuchte, sich die Ohren zuzuhalten. Als das nicht funktionierte, nahm er ein paar Strohhalme, um sie sich in die Ohren zu stopfen. Er hatte in der Nacht kaum geschlafen. Er hatte aber auch nicht herumturnen können und hatte obendrein nichts zu essen gehabt. Normalerweise war er ja nachts wach. Noch zweimal hatte er versucht, leise unter Trudes dichtem Federkleid herauszukriechen. Aber das Huhn hatte ihn zuverlässig jedes Mal wieder ins Nest geholt und sich schützend auf ihn gesetzt. Jetzt hatte er Hunger und ganz besonders schlechte Laune. Und nun krähte auch noch dieser Hahn so laut, dass ihm fast die Ohren wegflogen. So was aber auch.

Plötzlich knarrte die Stalltür. Alle Hühner sprangen auf. Es war Lilly, die bereits angezogen war und sogar schon ihren Schulranzen aufhatte. »Guten Morgen, ihr lieben Hühnchen. Guten Morgen, mein lieber Ludwig. Wie geht es dir heute früh?«, fragte Lilly und holte eine Schaufel voller Hühnerfutter aus einem Eimer, um sie in die Futterschale der Hühner zu geben. Ludwig freute sich zwar eigentlich sehr, Lilly zu sehen. Aber da er sehr schlecht gelaunt war, blickte er missmutig drein.

»Herrje. Was machst du denn für ein Gesicht? Stimmt etwas nicht?«, fragte Lilly besorgt. In diesem Moment holte Pavarotti besonders tief Luft und krähte lauthals: »Kikerikiiiiiieeeee!!!«

Lilly wäre fast die Schaufel mit dem Hühnerfutter heruntergefallen und sie rief: »Aaaahhhh. Pavarotti. Schrei doch nicht so laut, wenn ich direkt neben dir stehe. Da fällt mir ja vor Schreck alles aus der Hand.« Ihr Blick fiel auf Ludwig. Der saß mit verzogenem Gesicht im Nest und hielt sich die Ohren zu. »Ach herrje. Jetzt verstehe ich. Du schläfst ja eigentlich am Tag. Und hier kräht Pavarotti die ganze Zeit so laut herum. Das ist ja schön blöd«, sagte Lilly nachdenklich. Sie wollte weitersprechen, aber da krähte Pavarotti schon wieder. »Aaaah«, rief Lilly wieder, hielt sich auch die Ohren zu und lief schnell zur Hühnerklappe, um sie zu öffnen, damit der Hahn hinaus in den Auslauf konnte. »Schuu, schuu, hinaus mit dir, Pavarotti. Das ist ja nicht zum Aushalten mit deinem Gekrähe«, sagte Lilly. Der Hahn warf ihr einen empörten Blick zu und stieg würdevoll durch die Hühnerklappe. Kaum war er draußen, krähte er auch schon wieder aus Leibeskräften. Ludwig verzog erneut das Gesicht. »Ach, du Armer«, sagte Lilly mitfühlend. »Ich habe gar nicht daran gedacht, dass Pavarotti immer so früh auf ist. Aber schau mal. Ich habe dir noch ein paar Käfer mitgebracht. Zum Frühstück ... äh ... Abendessen.« Lilly grinste und leerte aus einem alten Marmeladenglas ein paar Käfer in das Nest. Die krabbelten sofort in alle Richtungen davon und Ludwig sprang ihnen eilig hinterher. Lilly musste lächeln, denn es sah lustig aus, wie die kleine Fledermaus auf ihren Flügeln versuchte, hin und her zu klettern, um die Käfer einzufangen. Ludwig war sehr geschickt und hatte sich im Nu drei Käfer in den Mund gestopft, während zwei Käfer in den Ritzen zwischen der Bretterwand verschwunden waren. Er mampfte glücklich vor sich hin und sah sehr zufrieden aus. Lilly lachte laut und sagte: »Du bist so putzig. Ich würde dich am liebsten für immer bei mir behalten. Aber Opa sagt, eine Fledermaus ist ein wildes Tier, das in Freiheit leben muss.«

Da wurde sie ernst. »Auch wenn du die Käfer toll gefangen hast. Irgendjemand muss dir das Fliegen beibringen.« Sie seufzte und schaute mit zu, wie Ludwig weiter fröhlich vor sich hin schmatzte. »Wir schaffen das irgendwie. Mir fällt schon was ein. Jetzt muss ich aber erst mal in die Schule. Ivan wartet sicher schon auf mich. Wir gehen immer zusammen, weißt du? Vielleicht hast du Glück und Pavarotti kräht nicht ganz so viel heute. Dann kannst du noch ein wenig schlafen. Ich bringe dir später noch ein paar leckere Käfer.« Ludwig strahlte sie an und sie streichelte ihm ganz sanft den Kopf. Dann richtete sie sich auf und ging zur Stalltür hinaus. An der Tür drehte sie sich noch einmal herum und rief: »Tschüss, Ludwig. Bis später.«

Nachdem Lilly gegangen war, kuschelte sich Ludwig mit seinem vollgegessenen Bauch wieder in das Stroh. Trude war draußen und scharrte mit den anderen Hühnern im Auslauf. Also nahm Ludwig einfach ein wenig Stroh und deckte sich damit zu. Er hatte gerade die Augen zugemacht, als der Hahn erneut krähte. Also nein, das war wirklich nicht auszuhalten. Ludwig verdrehte die Augen und steckte den Kopf tief ins Stroh hinein.

Nachdem die Schule aus und Lilly mit Ivan nach Hause gegangen war, aß sie mit ihren Vätern zu Mittag und machte sich direkt an die Hausaufgaben. Sie mochte die Schule. Es gab immer etwas Neues, Aufregendes zu entdecken. Wenn im Unterricht ein neues Buch ausgegeben wurde, steckte sie immer ihre Nase zwischen die Seiten und atmete tief ein. Sie liebte den Duft von ganz neuen Büchern. Und sie mochte es auch, mit Papa um die Wette zu rechnen. Obwohl sie manchmal das Gefühl hatte, er ließe sie absichtlich gewinnen.

Nachdem sie mit den Hausaufgaben fertig war, machte sie sich auf zum Klavierunterricht. Der Unterricht begann um 14.15 Uhr und Frau Kim, ihre Klavierlehrerin, achtete sehr auf Pünktlichkeit. Sie kam aus einem Land, das Korea heißt. Papa hatte Lilly auf ihrem Kinderglobus gezeigt, wo das Land liegt, und ihr erklärt, dass die Menschen dort sehr höflich waren. Und pünktlich zu erscheinen, war sehr höflich. Das hatte Lilly schon gelernt. Sie mochte Frau Kim sehr. Sie war gespannt, was sie sich heute für den Un-

terricht ausgedacht hatte. Fast jede Woche lernte Lilly ein neues Lied, weil es ihr so viel Spaß bereitete und sie zu Hause auch viel übte. Manchmal machten sie aber auch einfach nur Fingerübungen, ahmten mit den Tasten Tiere nach oder dachten sich selbst Melodien aus. Heute wollte Lilly Frau Kim unbedingt von Ludwig erzählen. Noch während sie die Stufen zu Frau Kims Haustür heraufhüpfte, rief sie bereits aufgeregt: »Frau Kim, ich habe eine Fledermaus gefunden! In unserem Schuppen! Sie hat heute bei den Hühnern übernachtet. Unser Trudchen hat sich einfach auf ihn drauf gesetzt.«

Frau Kim lachte. »Langsam, langsam, Lilly. Komm erst einmal rein und dann erzählst du mir alles in Ruhe.«

Die Klavierstunde verging wie im Flug. Frau Kim kannte ein koreanisches Lied über Fledermäuse, dessen Melodie sie mit Lilly auf dem Klavier übte. Lilly fragte Frau Kim, was Fledermaus denn auf Koreanisch hieße und stellte amüsiert fest, dass es wie »Hatschi« klang. »Das werde ich mir gut merken können«, sagte Lilly und verabschiedete sich dann auch auf Koreanisch. Das hatte sie schon vor einiger Zeit gelernt und Frau Kim war immer wieder gerührt davon, dass Lilly so aufmerksam und fleißig war.

Und dann war auch schon Opa da. Lilly freute sich immer, wenn ihr Opa sie nach dem Klavierunterricht abholte. Meistens unternahmen sie dann gemeinsam noch etwas. Einen Spaziergang im Wald oder auch mal einen Besuch im Zoo. Manchmal machten sie gemeinsam Hausaufgaben, wenn Lilly sie vor dem Klavierunterricht nicht alle geschafft hatte. Opa brachte Lilly dann immer später nach Hause und sie aßen alle gemeinsam zu Abend. Heute hatten sie beschlossen, zu einem Erdbeerfeld in der Nähe zu fahren, weil Opa Marmelade kochen wollte. Er machte die beste Marmelade der Welt, fand Lilly. Und sie liebte es, Erdbeeren direkt vom Feld zu naschen. Als sie inmitten der Erdbeerreihen standen und Opa Lilly anschaute, lächelte er breit und sagte: »Du Schleckermaul. Wenn du weiter so viele Erdbeeren isst, wirst am Ende du auf die Waage gestellt, wenn wir bezahlen müssen.«

Lilly zog eine Grimasse. »Ich kann da nichts für, Opa. Die sind halt so lecker.«

»Ich weiß, mein Schatz. Aber nun hilf mir mal, damit wir den Korb voll bekommen«, sagte Opa. »Dein Vater wartet zu Hause auf uns.«

»Fahren wir heute nicht zu dir?«, wollte Lilly wissen.

»Nein. Dein Papa möchte mir helfen, die Erdbeeren zu putzen, und dann kochen wir die Marmelade auch gleich bei euch.«

»Das ist ja super«, strahlte Lilly. »Dann kann ich dir auch endlich Ludwig zeigen.«

»Ja, da bin ich auch schon sehr gespannt«, antwortete Opa und beugte sich über eine Erdbeerpflanze mit ganz besonders dicken Früchten.

Fluglehrer gesucht

Als Opa und Lilly den Korb einige Zeit später mit leckeren Erdbeeren gefüllt hatten, fuhren sie nach Hause. Lilly wollte mit Opa
sofort in den Hühnerstall, aber er bestand darauf, dass sie erst die
Beeren bearbeiteten, weil die danach eine ganze Weile auf dem
Herd kochen sollten. Sie setzten sich auf die Terrasse, wo Papa
und Opa mit einem kleinen Messer in der Hand
das Grüne aus den Erdbeeren schnitten. Lilly hatte zunächst mitgeholfen, aber als
Papa sah, dass jede zweite Erdbeere
in Lillys Mund verschwand, sagte
er: »Ich glaube, du machst mal lieber eine Pause. Sonst bekommst
du noch Bauchweh. Opa hat mir
erzählt, wie viele Erdbeeren du
schon auf dem Feld gefuttert
hast.«

Lilly wollte Opa einen erns-
ten Blick zuwerfen, weil er
sie verpetzt hatte, aber sie
konnte ihm gar nicht böse
sein. Und Papa hatte ja recht.
Ihr Bauch fühlte sich jetzt
schon an, als würde er gleich plat-

zen. Also setzte sie sich in die alte Hollywoodschaukel und beobachtete einen kleinen Vogel, der unter dem Vordach des Hühnerstalls eifrig umherflog. Es sah aus, als würde er etwas suchen. Er flog hektisch hin und her, auf und ab, immer wieder. Manchmal wirkte es fast, als bliebe er in der Luft stehen. Dann flog er weg, in einen nahen Busch und tauchte nach einer Weile wieder auf.

»Opa, was ist das für ein Vogel da drüben?«, fragte Lilly.

»Welcher denn?«, fragte Opa und schaute von der Schüssel auf seinem Schoß auf.

»Da drüben. Vor unserem Hühnerstall. Er fliegt ständig unter dem Vordach hin und her«, antwortete Lilly.

»Ach ja. Jetzt sehe ich ihn«, sagte Opa. »Das ist ein Rotschwänzchen. Genauer gesagt ein Gartenrotschwanz.«

»Was macht er denn da die ganze Zeit?«, wollte Lilly neugierig wissen.

»Er fängt Insekten. Er ist ein sehr geschickter Flieger. Schau nur, wie schnell er die Richtung wechselt, um sie zu verfolgen. Ich wette, er nistet irgendwo in der Nähe und fängt die Insekten, um seine Jungen zu füttern«, erklärte Opa.

Papa sah ihn mit gerunzelter Stirn an und fragte: »So spät noch im Jahr? Wir haben schon Juli.«

Opa schaute dem hübschen Vogel weiter zu und erklärte: »Das Frühjahr war lange kalt. Da brüten einige Singvögel etwas später in diesem Jahr. Rotschwänzchen brüten aber ohnehin von Mai bis Juli. Sie haben in dieser Zeit oft zweimal Junge. Und bei dem warmen Wetter und den vielen Insekten in eurem schönen Garten fühlt sich dieser kleine Kerl sichtlich wohl. Und schau, da fliegt auch die Vogelmutter und fängt Insekten für die lieben Kleinen.«

Lilly lauschte den Erklärungen ihres Großvaters und dachte nach. Diese Vögel waren geschickte Flieger, hatte Opa gesagt. Und Ludwig brauchte einen Fluglehrer. Sie hüpfte von der Hollywoodschaukel und schlenderte ganz vorsichtig durch den Garten. Sie hielt Abstand zu dem Vogel, der wieder unter dem Vordach umherflog, ließ ihn aber nicht aus den Augen. Als er wieder einmal mit dem Schnabel voller Insekten ins Gebüsch flog, lief Lilly schnell hinterher. Am Gebüsch angekommen, konnte sie zunächst nichts erkennen.

»Was suchst du denn da?«, fragte Ivan, der wie aus dem Nichts neben Lilly aufgetaucht war.

Lilly quietschte vor Schreck laut auf. »Manno, Ivan. Du hast mich total erschreckt.« Sie zwickte Ivan in die Schulter.

»Aua«, rief er, fing dann aber an zu grinsen und zu singen: »Ich habe dich erschreeheckt, ich habe dich erschreeheckt.«

»Na gut, na gut. Du hast es endlich mal geschafft. Aber nur, weil ich hier gerade versuche, ein Gartenrotschwänzchen zu verfolgen. Bild' dir also nur nicht zu viel drauf ein«, sagte Lilly und war ein bisschen ärgerlich, dass es Ivan tatsächlich gelungen war, sie zu erschrecken. Als sie sein Grinsen sah, verflog ihr Ärger aber sofort wieder.

»Ein Gartenwasfürnding?«, fragte Ivan verdattert.

»Ein Gartenrotschwänzchen. Sei ganz leise. Ich möchte es nicht erschrecken, sondern herausbekommen, wo es sein Nest hat«, flüsterte Lilly und genau in diesem Moment flog das hübsche Vöglein über ihre Köpfe hinweg aus dem Gebüsch. »Ha. Das war er. Hast du gesehen, wo er hergekommen ist?«, fragte Lilly und spähte in das Gebüsch.

»Ich glaube er kam von dem alten Baum da«, gab Ivan zurück. Mitten in dem dichten Gebüsch stand ein alter Baum. Genauer gesagt, war es nur noch ein Stamm mit ein paar wenigen Ästen.

»Ich glaube, er kam von dem alten Baum da«, gab Ivan zurück. Mitten in dem dichten Gebüsch stand ein alter Baum. Es war ein großer Baum mit kräftigen Ästen und dichtem, grünem Blattwerk. Auf den ersten Blick konnten sie kein Vogelnest entdecken und Lilly sah nun auch keinen Vogel mehr, der ihr verraten hätte, wo das Nest war. Sie runzelte die Stirn und dachte angestrengt nach. Sie hatten den Vogel doch gerade noch herausfliegen sehen. Da musste doch das Zuhause der Vögel auch ganz in der Nähe sein. »Kannst du ein Nest sehen?«, fragte sie Ivan. Doch der schüttelte nur den Kopf.

Lilly drückte die Zweige des Gebüschs zur Seite und schaute genauer auf den Baum. Da. Nun konnte sie es sehen. Im Baum war ein größeres Loch. Dahinter schien etwas wie eine kleine Höhle im Inneren des Baumes zu sein. Sie und Ivan verhielten sich ganz still und es dauerte nicht lange, da kam das Rotschwänzchen wieder herbeigeflogen und hüpfte in das Loch. Kurz darauf war lautes Piepen zu hören.

»Ohhh, da sind bestimmt Vogeljunge drin«, sagte Ivan.

»Genau«, antwortete Lilly. »Und wenn die gefüttert werden, wird Ludwig bestimmt auch etwas abbekommen, wenn wir ihn in ihr Nest setzen. Und dann kann er bestimmt auch das Fliegen lernen. Das Gartenrotschwänzchen ist ein ganz großartiger Flieger, hat mein Opa gesagt.«

»Aber hast du nicht gesagt, dass Fledermäuse tagsüber schlafen und nachts wach sind?« Ivan runzelte die Stirn.

»Ja, ich weiß«, erwiderte Lilly. »Aber Ludwig ist wegen Pavarottis Geschrei sowieso den ganzen Tag wach. Da kann er bestimmt auch mit den Rotschwänzchen fliegen lernen. Das muss einfach klappen. Er muss sich doch irgendwann selbst sein Futter fangen können.«

Lilly schaute besorgt und Ivan machte sich schnell daran, seine Freundin zu beruhigen. »Du hast bestimmt recht. Und in dem Baum ist es auch nicht so hell. Da findet er es vielleicht nicht so schlimm, am Tag wach zu sein. Wollen wir ihn gleich holen gehen?«

»Ja, das machen wir. Ludwig wird bestimmt froh sein, wenn er sich nicht mehr ständig die Ohren zuhalten muss«, sagte Lilly hoffnungsvoll und steckte sich grinsend die Finger in die Ohren.

Die beiden Kinder liefen durch den Garten zum Hühnerstall. Und tatsächlich saß Ludwig mit finsterer Miene in Trudchens Nest und hatte den Kopf in seinen Flügeln vergraben. Als Lilly gerade etwas sagen wollte, krähte Pavarotti wieder einmal lautstark und Lilly machte ihren Mund wieder zu. Sie nahm Ludwig einfach ganz behutsam aus dem Nest. Das Huhn Trudchen kam in den Stall und schaute irritiert auf Lilly mit Ludwig in der Hand. »Hallo Trudchen. Ich nehme Ludwig wieder mit. Ich glaube, dass ihm Pavarotti mit seinem Geschrei ganz schön auf die Nerven geht. Und außerdem muss er noch fliegen lernen. Und naja ... also das könnt ihr Hühner ja nicht ganz so gut«, endete Lilly ganz leise. »Aber danke, dass du so gut auf ihn aufgepasst hast. Das hast du toll gemacht«, fügte sie schnell hinzu. Darauf schaute Trudchen ganz stolz und schien besänftigt.

Die kleine Fledermaus hielt sich an Lillys Händen fest. Während Ivan Lilly die Tür aufhielt, ging diese mit Ludwig in den Händen nach draußen. Als sie draußen waren, betrachtete Lilly den sichtlich müden Ludwig und sagte: »Ach, du Armer. Ich wette, du hast den ganzen Tag kein Auge zugemacht, oder?« Ludwig nickte eifrig mit dem Kopf und schaute sehr bedauernswert aus. »Weißt du, das

ist aber gar nicht so schlecht. Ich habe nämlich ein neues Zuhause für dich gefunden. Es ist in einer Höhle, die ganz gemütlich aussieht. Die Vögel, die dort wohnen, können ganz toll fliegen. Das kannst du dann auch bald lernen. Du hast doch bestimmt schon Lust, selbst herumzufliegen, oder?«, fragte Lilly und schaute Ludwig ermutigend an. Der legte nur den Kopf schief und schaute ein wenig verwirrt.

»Also ich glaube ja nicht, dass er kapiert, was du sagst«, sagte Ivan mit kritischem Blick. »Aber solange er den Gartenblaukopf versteht ...«

»Gartenrotschwanz«, unterbrach ihn Lilly. »Wir werden sehen. Und ich glaube sehr wohl, dass er mich versteht. Nicht wahr, Ludwig?« Ludwig strahlte Lilly an.

Als sie am Gebüsch angekommen waren, bog Ivan ganz vorsichtig die Äste zur Seite, sodass Lilly langsam zu dem alten Baum vordringen konnte. Sie wollte in die Höhle schauen, aber sie reichte nicht ran, sosehr sie sich auch auf die Zehenspitzen stellte und in die Länge streckte. Der Höhleneingang war einfach zu weit oben. »Ivan, kannst du etwas sehen?«, fragte Lilly daher. Ivan war seit Kurzem ein wenig größer als Lilly und sehr stolz darauf.

»Nein. Leider auch nicht«, antwortete er, während er den Hals reckte. »Aber ich höre etwas piepsen. Das Nest ist bestimmt gleich da hinterm Rand. Heb Ludwig doch hoch und lass ihn selbst schauen.«

Lilly streckte die Arme hoch und Ludwig schaute in das Loch im Baum. Zuerst konnte er nichts erkennen, weil es draußen so hell war und in der Höhle eher dunkel. Dann aber erkannte er ein Nest, in dem vier Vogeljunge saßen. Eines war deutlich größer als die anderen. Ludwig schaute unsicher zu Lilly. Sie sagte: »Und? Siehst du das Nest? Steig einfach hinein. Es wird bestimmt alles gut werden.« Lilly lächelte Ludwig aufmunternd an und reckte sich noch höher, damit Ludwig in das Nest in der Baumhöhle steigen konnte. Zaghaft löste er seine kleinen Krallen von Lillys Händen und stieg in den Baum.

»Und weg ist er«, sagte Ivan.

»Nein. Da ist er noch«, rief Lilly, als Ludwig noch einmal aus dem Loch schaute. »Keine Angst, Ludwig. Ich komme morgen wieder«, beruhigte sie ihn und der kleine Kopf verschwand zögerlich im Baum. »Ich hoffe, die Vogeleltern sind nett zu ihm«, sagte Lilly und schaute Ivan unsicher an. Sie hatte für Ludwig ganz tapfer sein wollen, aber jetzt sorgte sie sich ein wenig um die kleine geflügelte Maus.

Nun war es an Ivan, für Lilly tapfer zu sein. Er legte ihr die Hand auf die Schulter und sagte: »Hey, du hast es gerade selbst gesagt.

Es wird alles gut. Und wir lassen ihn ja nicht allein. Wir können gleich morgen nach der Schule wieder nach ihm schauen. Und dann nehmen wir eine Leiter mit!«

»Tolle Idee. Dass ich darauf nicht selbst gekommen bin«, erwiderte Lilly und kaute auf ihrer Unterlippe. Sie stiegen beide langsam aus dem Gebüsch und waren gerade ein paar Schritte entfernt, als das Rotschwänzchen an ihnen vorbei Richtung Baum flog. »Siehst du, da ist schon ein Gemüsegartenschwänzchen und bringt Futter«, sagte Ivan.

»Gartenrotschwänzchen«, korrigierte ihn Lilly und musste lachen. »Also eines weiß ich sicher. Tierarzt wirst du nicht. Du kannst dir ja keine Tiernamen merken.«

»Kann ich wohl«, entgegnete Ivan und reckte sein Kinn störrisch in die Höhe. »Und außerdem will ich gar kein Tierarzt werden, sondern Astronaut. Jawohl!«

Lilly und Ivan schlenderten weiter Richtung Haus und überlegten, was sie wohl später mal werden könnten.

Ludwig saß derweil in der Baumhöhle und sah sich um. Im Nest waren vier Vogeljungen. Eines der Vogeljungen war größer als die anderen. Sehr viel größer. Es beäugte Ludwig misstrauisch. Ludwig blickte neugierig zurück. Wie er es schon von den Amseleltern kannte, kamen Mama und Papa Vogel regelmäßig in das Nest geflattert und verteilten Leckereien in die gierigen Mäuler. Ludwig fiel auf, dass das größere Vogelkind die anderen öfter mal zur Seite schob, um einen besonders saftigen Wurm oder einen richtig dicken Käfer zu bekommen. Die kleinen Vogelbabys hatten nicht die Kraft, sich dagegen zu wehren. Ludwig schaute den größeren ernst an. Der schaute trotzig zurück. Gerade kam der Vogelvater und verteilte nach und nach in jeden aufgerissenen Schnabel eine Raupe. Als das letzte kleine Vöglein dran war, schob sich der Vielfraß in den Weg und schnappte sich die letzte Raupe auch noch, sodass der kleine Piepmatz leer ausging. Ludwig fand das unerhört. Er dachte nach, wie er den kleinen Vogelkindern   helfen

könnte. Aber das Nachdenken war sehr anstrengend, wenn man so müde war. Schließlich hatte er wegen Pavarotti den ganzen Tag kein Auge zugemacht. Und ehe er sichs versah, war er auch schon eingeschlafen.

Ludwig, der Mutige

Nachdem Lilly und Ivan noch ein paar letzte Erdbeeren stibitzt hatten und Opa die Marmelade fertig gekocht und in Gläser gefüllt hatte, verabschiedete sich Ivan. Opa gab ihm noch ein Glas Marmelade mit. Nachdem Lilly Ivan vom Fenster aus noch einmal zugewinkt hatte, half sie den Tisch für das Abendessen zu decken. Opa beschriftete derweil die vielen Gläser mit der frisch gekochten Marmelade, die in der Küche standen.

Irgendwann blieb Lilly vor ihrem Opa stehen und sagte: »Opa, ich habe Ludwig zu den Gartenrotschwänzchen ins Nest gesetzt. Also, na ja, das Nest habe ich nicht sehen können, aber es muss in der Baumhöhle sein, die wir entdeckt haben. Die Vögel sind dort immer rein- und rausgeflogen. Meinst du, Ludwig kann von ihnen das Fliegen lernen?« Sie schaute ihren Opa hoffnungsvoll an.

Der legte den Stift beiseite, nahm ihr Gesicht in seine beiden Hände und sagte: »Ich bin mir ganz sicher, dass er das lernen wird. Wenn meine Lilly so gut auf ihn aufpasst, wird bestimmt alles gut werden.«

Darauf strahlte Lilly wie die Sonne selbst und schmiegte sich ganz fest an ihren Opa.

Draußen, in der Baumhöhle, wurde Ludwig wach. Ein Geräusch hatte ihn geweckt. Er blinzelte und öffnete langsam die Augen. Etwas raschelte. Das große Vogeljunge stemmte sich ins Nest und drückte ganz angestrengt etwas Richtung Rand. Ludwig riss die Augen auf. Was da gerade über den Rand des Nestes hinausgeschoben wurde, war eines der kleinen Vogeljungen. Das Kleine warf Ludwig einen ängstlichen Blick zu, doch es war bereits zu spät: Es fiel über den Rand der Baumhöhle nach draußen. Der Dickmops schaute zufrieden und krabbelte auf eines der anderen kleinen Vogelkinder zu. Ludwig kletterte derweil zum Rand der Höhle und schaute hinaus. Er sah nach oben, wo die Vogeleltern aufgeregt hin und her flogen und laut zwitscherten. Dann schaute er nach unten und sah – das Vogeljunge. Es hielt sich mit dem Schnabel an einem dünnen, trockenen Ast fest und baumelte hilflos hin und her.

Ludwig überlegte nicht lange und streckte einen seiner langen Flügel nach dem armen kleinen Vöglein aus. Da die Flügel auch gleichzeitig seine Arme waren, konnte er das Vogeljunge mit den feinen Krallen greifen und festhalten. Ganz langsam, damit es nicht fallen konnte, zog er es nach oben. Sobald es am Rand des Nestes angekommen war, stieß es sich mit seinen kleinen Füßen ab und beide purzelten rückwärts in das Nest hinein. Als Ludwig an sich herunterschaute, lag das Vogelkind auf seinem Bauch und drückte sich ganz fest an ihn. So dankbar war es, dass er es gerettet hatte. Ludwig freute sich sehr. Dann schaute er sich nach dem gemeinen Grobian um. Der war gerade dabei, das nächste Vogelkind in Richtung Nestrand zu schieben. Das konnte Ludwig auf keinen Fall zulassen. Er setzte das kleine Vöglein von seinem Bauch vorsichtig zur Seite. Dann stellte er sich dem großen Rabauken in den Weg und schob das zweite Vogelkind sanft zu den anderen beiden, die sich mittlerweile aneinandergedrückt hatten.

Das große Vogeljunge schaute Ludwig wütend an und wackelte auf unbeholfenen Beinen auf ihn zu. Der wich immer weiter zurück, bis er den Rand der Höhle hinter sich spürte. Gerade als das große Vogeljunge auf ihn zukam, um ihn über den Rand der Höhle nach draußen zu schubsen, zog sich Ludwig mit seinen langen Flügelarmen zur Seite und der Wüstling stolperte an ihm vorbei über den Rand des Nestes nach draußen. Ludwig schaute die kleinen Vogelkinder an. Eins, zwei, drei. Sie saßen alle eng aneinander gekuschelt in der Ecke.

Ludwig kletterte derweil zum Nestrand und schaute nach draußen. Das große Vogeljunge war tatsächlich aus der Baumhöhle gepurzelt und in einen dicken Mooshaufen geplumpst, der am Fuß des alten Baumes gewachsen war. Es stand auf, schüttelte sich und warf Ludwig einen zornigen Blick zu. Dann entdeckte es einen Wurm, der durch das Moos kroch, pickte ihn auf und schlang ihn mit einem Happs herunter. Mit zufriedenem Blick stapfte das kleine Vogeljunge davon, auf der Suche nach weiteren Leckereien. Ludwig schaute ihm einen Moment nach und wurde dann von den fröhlich zwitschernden Vogeleltern abgelenkt, die in das Nest geflogen waren und erst ihre Jungen und dann auch Ludwig fest an sich drückten. Das tat sehr gut, fand Ludwig. Er war ein ganz klein wenig stolz darauf, dass er die kleinen Vogelkinder gerettet hatte.

Lilly, Papa, Papi und Opa hatten indessen zu Ende Abendbrot gegessen. Opa hatte sein Wasserglas mit auf die Terrasse genommen und schaute in den abendlichen Garten. Lilly fragte ihre Eltern, ob sie zu Opa hinausgehen dürfe, und Papa sagte: »Na klar, meine Motte. Du hast so fleißig Erdbeeren gepflückt und vorhin fast allein den ganzen Tisch gedeckt. Da können Papi und ich jetzt auch allein abräumen. Geh schon.« Er sah ihr lächelnd nach.

Lilly ging nach draußen, stellte sich neben ihren Großvater und atmete tief ein. »Wie toll das duftet«, seufzte sie. »Und wie schön sich das ganze Gezwitscher der Vögel und Gesumme der Bienen und Hummeln anhört. Ich mag den Sommer so sehr.«

»Ich auch«, antwortete Opa und legte seine Hand auf Lillys Schulter.

»Oh«, rief Lilly plötzlich. »Was war denn das für ein Vogel? Das klang ja lustig. Wie in einem Lied, dass ich schon einmal bei Frau Kim gelernt habe. ›Kuckuck, Kuckuck, ruft's aus dem Wald‹.« Lilly trällerte fröhlich vor sich hin.

Opa schaute sie an. »Du hast ja eine tolle Stimme. Und du hast die Antwort auch schon selbst gefunden. Der Vogel, den wir gerade gehört haben, heißt Kuckuck. Und er hat genau den Ruf, den du auch in deinem Lied gesungen hast. Kuckuck, Kuckuck.« Opa versuchte, den Vogel nachzuahmen und Lilly musste kichern.

»Ist der Kuckuck denn auch so ein toller Flieger wie das Rotschwänzchen?«, fragte sie.

»Nein«, erwiderte Opa. »Dafür hat er aber eine ganz besondere Art, seine Jungen aufzuziehen. Er legt sein Ei in das Nest von anderen Vögeln und kümmert sich dann gar nicht mehr darum. Wenn das Junge dann schlüpft, schiebt dieses wiederum die anderen Eier oder Vogelkinder aus dem Nest und lässt sich als Einziges von den fremden Vogeleltern füttern. Meist ist es schnell viel größer als die Vogeleltern selbst und die haben alle Mühe, das hungrige Maul zu füttern.«

Lilly schaute wütend, stemmte ihre Arme in die Hüften und sagte: »Na, das ist ja unfair. Die anderen aus dem Nest zu schubsen. Dem würde ich mal gehörig was erzählen. Ich glaube, ich mag den Kuckuck nicht.«

»Ach, mein Schatz. Das gehört eben alles zur Natur. Sie ist sehr aufregend und manchmal erscheint sie uns unfair. Aber alles hat seinen Platz und alles hat seinen Sinn«, versuchte Opa sie zu besänftigen.

»Na gut«, sagte Lilly. »Aber gut, dass der Kuckuck kein eigenes Nest baut. Stell dir vor, ich hätte Ludwig zu so einem Grobian gesetzt. Das wäre vielleicht was gewesen.«

Lilly und Opa unterhielten sich noch eine Weile über verschiedene Vögel, bis Papi herauskam und sagte, dass Lilly nun langsam ins Bett müsse. Sie verabschiedete sich von Opa und ging mit Papi nach oben, um sich bettfertig zu machen. Sie putzte eifrig ihre Zähne und zog ihren Lieblingsschlafanzug an. Den mit den rosa Mäusen drauf. Anschließend hüpfte sie ins Bett und Papi deckte sie zu. Dann las er ihr aus ihrem Lieblingsbuch vor. Als er zu Ende gelesen hatte, klappte er das Buch zu. Lilly schaute ihren Vater an und sagte: »Ich hoffe, dass Ludwig bald fliegen lernt. Damit er sein eigenes Essen fangen kann.«

»Ich bin mir sicher, das wird er ganz bald lernen«, sagte Papi und gab ihr einen Kuss auf die Stirn. »Und nun schlaf schön, meine Motte. Ich hab dich lieb.«

»Ich dich auch«, murmelte Lilly, kuschelte sich in ihr Kissen und war kurz darauf eingeschlafen.

Ludwig ist weg

Im Nest der Rotschwänzchen war Ruhe eingekehrt. Die Eltern saßen beide im Nest und die Jungen hatten sich dicht angekuschelt und schliefen selig. Ludwig hatte sich auch anfangs mit dazu gekuschelt. Dann aber waren nach und nach alle eingeschlafen. Nur Ludwig blieb wach. Er war von der Vogelfamilie weggerückt und rieb sich seine Flügel. Irgendwie kribbelte es ganz dolle und er wusste nicht, weshalb. Er saß am Rand des Nestes und schaute hinaus in den Abendhimmel. Am Horizont waren noch die letzten Farben des Tages zu sehen. Ein tiefes Rot ging in ein kräftiges Violett über und dann in ein Dunkelblau, wie dicke Tinte. Die ersten Sterne blinzelten auch schon vom Himmel herunter. Ludwig spürte wieder das Kribbeln in seinen Flügeln und streckte sie ein wenig. Wie groß sie waren. Er war in den letzten Tagen bestimmt gewachsen, bei all den leckeren Sachen, mit denen er gefüttert worden war. Von den Amseln, den Rotschwänzchen und natürlich von Lilly und Ivan. Er bewegte vorsichtig die Flügel auf und ab. Es war zu eng hier in der Baumhöhle. Also kletterte er nach draußen. Er sah einen langen, geraden Ast. Dorthin wollte er klettern, um seine Flügel so weit zu strecken, wie es nur ging. Der Baum hatte eine grobe Rinde und Ludwig konnte sich gut mit seinen feinen Krallen festhalten. Als er den Ast fast erreicht hatte, schwirrte etwas Weißes ganz knapp an ihm vorbei. Ludwig schaute sich verwirrt um. Er hatte gar nichts gehört, aber er war sicher, dass da etwas gewesen war.

Er kletterte auf den Ast und wollte gerade seine Flügel ausbreiten. Da landete etwas neben ihm auf dem Ast. Er war ein Vogel. Ein wunderschöner, schneeweißer Vogel. Er schaute Ludwig freundlich an. Dann drehte er seinen Kopf so weit,

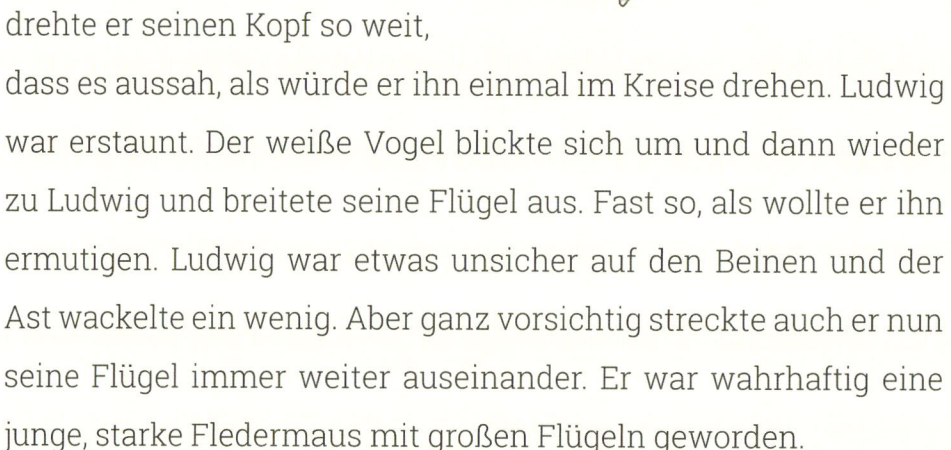

dass es aussah, als würde er ihn einmal im Kreise drehen. Ludwig war erstaunt. Der weiße Vogel blickte sich um und dann wieder zu Ludwig und breitete seine Flügel aus. Fast so, als wollte er ihn ermutigen. Ludwig war etwas unsicher auf den Beinen und der Ast wackelte ein wenig. Aber ganz vorsichtig streckte auch er nun seine Flügel immer weiter auseinander. Er war wahrhaftig eine junge, starke Fledermaus mit großen Flügeln geworden.

Während er sich noch über seine dünnen, glänzenden Flughäute freute, stieß sich der weiße Vogel von dem Ast ab und erhob sich in die Luft. Der Ast wackelte dadurch so sehr, dass Ludwig das Gleichgewicht verlor. Er fiel schnurstracks nach unten und sah den Boden schon auf sich zukommen. Doch plötzlich war das Kribbeln wieder da. Kein Angstkribbeln im Bauch, weil er womöglich gleich auf den Boden treffen würde. Nein, das Kribbeln in den Flügeln. Ludwig breitete sie aus, so weit er konnte, und fing an, damit zu schlagen und … er flog! Mit jedem kräftigen Flügelschlag stieg er höher in die Luft.

Plötzlich war der weiße Vogel auch wieder da. Er flog neben ihm her und stieß einen Ruf aus, als wolle er sagen: »Weiter so!« Gemeinsam flogen sie höher und höher. Dann legte der Vogel die Flügel eng an seinen Leib und sauste im Sturzflug nach unten. Ludwig überlegte nicht lange und machte es ihm nach. Zuerst weiteten sich seine Augen vor Schreck, doch dann lachte und jauchzte er, als ihm der Wind um die Nase pfiff und er schneller und schneller wurde. Dann spreizten beide wieder die Flügel und sausten zwischen den Bäumen hindurch, um den Schuppen mit dem Loch im Dach herum und hin und her, quer durch den Garten. Ludwig war irgendwann außer Puste und landete zielsicher auf einem Ast. Der weiße Vogel landete neben ihm. Und landete noch einmal. Ludwig traute seinen Augen nicht. Da war ein zweiter Vogel, der genau wie der erste aussah. Nur ein klein wenig kleiner war er. Der große Vogel nickte ihm zu, als wolle er sagen: »Gut gemacht.«

Nach einer kurzen Verschnaufpause flogen die beiden Vögel mit Ludwig weiter durch den Garten. Sie flogen nicht nur herum, sondern suchten auch Nahrung, und Ludwig merkte schnell, wie leicht es ihm fiel, kleine Insekten aus der Luft zu fangen. Zu seiner Überraschung wurden die beiden gar nicht müde und machten auch

keine Anstalten, schlafen zu wollen. Ludwig war überglücklich. Endlich hatte er jemanden gefunden, der auch in der Nacht wach war.

Erst als der Morgen dämmerte und am Horizont die ersten Sonnenstrahlen die Wolken an den Füßen kitzelten, lenken die beiden Vögel Ludwig zu einer Baumhöhle im alten Nussbaum. Sie setzten sich nebeneinander. Ludwig krabbelte an der Höhlenwand zur Decke, hielt sich dort mit den Füßen fest und ließ sich nach unten hängen. Wie es eine Fledermaus eben tut. Es fühlte sich herrlich wohlig an. Ludwig seufzte tief und hörte nicht mehr den Hahnenschrei von Pavarotti, der von weit unten ganz leise heraufschallte. Er war sofort eingeschlafen.

Als Lilly am nächsten Tag von der Schule nach Hause kam, konnte sie es kaum abwarten, bis das Mittagessen endlich vorüber war. Papa ermahnte sie, nicht so zu schlingen. »Du wirst dich noch verschlucken«, sagte er.

Als ihr Teller endlich leer war, stand sie auf und brachte ihn zur Spüle. Papi sagte: »Na, da hat es jemand aber eilig. Möchtest du keinen Nachtisch essen? Ich habe Mandelpudding gekocht.«

»Oh toll. Danke, Papi. Den esse ich später«, rief Lilly, während sie sich an der Terrassentür bereits ihre Sandalen anzog. »Jetzt muss ich schnell Ivan holen und dann wollen wir schauen, wie es Ludwig geht. Darf ich die kleine Leiter nehmen? Ich kann sonst nicht in das Nest schauen«, fragte Lilly und schaute Papa an.

Der strich ihr übers Haar und sagte: »Klar darfst du sie benutzen. Schau nur, dass du sie sicher aufstellst, damit ihr nicht umfallt. Vielleicht kann Ivan sie ja festhalten, während du hochsteigst.«

»Machen wir«, rief Lilly und war schon in den Garten gelaufen. Sie rannte quer hindurch hinüber zu Ivan. Der saß schon auf einem großen Stein und schnitzte an einem Stück Holz herum.

»Hey, da bist du ja schon. Super«, rief Lilly ihm entgegen. »Komm, wir holen eine Leiter und schauen schnell nach, wie es Ludwig geht.«

Ivan stand auf, legte sein Schnitzmesser und das Holz auf den Stein und lief Lilly hinterher. Sie holten die kleine Leiter, die im Schuppen stand. Die Hühner standen am Zaun und schauten neugierig zu. »Hallo Trudchen«, rief Lilly atemlos. »Wir gehen jetzt schauen, wie es Ludwig bei seiner neuen Familie geht.«

Das Huhn legte den Kopf schief und schaute den beiden nach.

Es war ein wenig umständlich, die Leiter in das Gebüsch zu heben und dort aufzustellen, aber gemeinsam schafften sie es. Dennoch stand die Leiter ein wenig wackelig und Ivan sagte: »Ich halte sie fest, und du schaust in das Nest, okay?«

»Ja, danke«, antwortete Lilly und war schon geschwind hinaufgestiegen. Sie war so aufgeregt. Ganz vorsichtig lugte sie in die Baumhöhle.

»Und? Was siehst du? Schläft er?«, fragte Ivan von unten.

Lilly sah verwirrt in alle Winkel der Höhle und schaute dann wieder zu Ivan herunter. »Er ist nicht da«, sagte sie unsicher. »Da sind nur drei Vogeljunge.«

»Mh. Vielleicht ist er ja schon irgendwo im Baum und übt fliegen«, überlegte Ivan laut.

»Ja, vielleicht«, sagte Lilly leise und sah nicht sehr überzeugt aus.

Sie stieg die Leiter hinab und gemeinsam mit Ivan machte sie sich auf die Suche nach Ludwig. Sie spähten in jeden Strauch und in alle Baumwipfel. Sie schauten in das Amselnest und in den Hühnerstall. Ivan flitzte sogar in sein Zimmer zurück, um aus dem

Fenster ein wenig mehr entdecken zu können. Doch sie konnten Ludwig nirgends finden.

Einige Zeit später schlich Lilly leise durch die Terrassentür in die Küche zurück. Papi war schon wieder dabei, Obst zu säubern, um noch mehr Marmelade zu kochen. Heute waren die Himbeeren dran. Er schaute von der Schüssel auf und sah Lillys enttäuschtes Gesicht. »Was ist denn los, mein Engel?«, fragte er.

»Ach, nichts. Ich kann nur Ludwig nirgendwo finden«, seufzte sie.

»Vielleicht übt er ja schon irgendwo fliegen«, antwortete Papi und blickte Lilly ermutigend an.

»Ja, das hat Ivan auch gesagt. Und dann haben wir den ganzen Nachmittag nach ihm Ausschau gehalten. Aber wir haben ihn nicht gefunden«, erwiderte Lilly.

In diesem Moment kam Papa aus dem Arbeitszimmer. Er hatte gehört, was die beiden gesprochen hatten und sagte: »Mach dir keine Sorgen, kleine Motte. Du wirst ihn bestimmt bald wiederfinden.«

Aber Lilly fand Ludwig nicht wieder. Nicht an diesem Tag und auch nicht am nächsten.

Als sie am Donnerstag mit Ivan von der Schule nach Hause lief, war sie noch immer ganz betrübt.

»Ach, Kuritsa. Nun lach doch mal wieder. Davon, dass du die ganze Zeit so finster guckst, kommt Ludwig auch nicht zurück«, sagte Ivan vorsichtig. Es gefiel ihm gar nicht, dass seine Freundin so traurig war. Und es war ihm noch nie passiert, dass er sie nicht aufheitern konnte.

»Weißt du«, fing Lilly an. »Ich möchte ja nur wissen, dass es ihm gut geht. Solange ich das nicht sicher weiß, ist mir gar nicht nach Lachen.«

Darauf wusste Ivan nichts mehr zu sagen und so liefen sie schweigend nach Hause.

»Kommst du später rüber zum Spielen?«, fragte Ivan.

»Ja, vielleicht«, sagte Lilly leise und drückte die Haustür auf. Sie setzte ihren Ranzen ab und hängte ihre Jacke auf. »Papi, Papa, ich bin zu Hause«, rief sie in Richtung Küche.

Aber es kam keine Antwort. Seltsam, dachte Lilly. Normalerweise wären doch beide in der Küche. Papa arbeitete meistens zu Hause in seinem Büro. Und zur Mittagspause kam er immer heraus, außer wenn er mal wieder richtig viel zu tun hatte. Lilly lief in die

Küche. Niemand war da. Die Terrassentür stand offen. Sie hörte Stimmen aus dem Garten und ging hinaus. Dort standen Papa und Papi und zu ihrer Überraschung auch ihr Großvater. »Opa«, rief Lilly. »Was machst du denn hier?«

Schnell lief sie zu ihm und drückte ihn fest. Er antwortete: »Dein Papa hat mich angerufen und mir erzählt, dass dein Ludwig verschwunden ist. Und dass du seit Tagen ganz traurig bist.«

Als Papa ihr in diesem Moment von hinten über das Haar strich, kullerte eine kleine Träne über Lillys Wange. »Ich mach mir solche Sorgen um ihn«, sagte sie und ein kleiner Schluchzer kam aus ihrem Mund.

»Deshalb habe ich Opa angerufen«, sagte Papa. »Weil er immer einen Rat hat.«

»Ich habe etwas mitgebracht. Schau mal«, sagte Opa. Lilly betrachtete das schwarze Gerät in Opas Händen.

»Ein Fernglas?« fragte Lilly.

»Ja, genau. Ein Fernglas. Und jetzt stell dich mal hier hin und schau durch«, sagte Opa und nahm Lilly bei den Schultern, um sie auf einen bestimmten Punkt im Rasen zu schieben. Lilly hielt sich das Fernglas an die Augen und schaute hindurch. »Ich seh' nix«, sagte sie enttäuscht. »Nur den Hühnerstall.«

»Weiter nach oben«, sagte Papi. »Im alten Nussbaum.«

Lilly hielt das Fernglas höher und sah angestrengt hindurch. »Da ist nix«, sagte sie wieder. Opa legte sanft die Hand an das Fernglas und schob es ein wenig nach links. Dort war eine Lücke im dichten Blattwerk. Durch die Lücke sah Lilly den Baumstamm. Und im Baumstamm ein großes Loch, ähnlich wie die Baumhöhle der Rotschwänzchen. Erst konnte sie es nicht richtig erkennen. Aber dann sah sie es. Zwei weiße Eulen saßen da und schliefen. Sie saßen dicht beieinander, aber etwas war zwischen ihnen. Das Etwas saß aber nicht auf dem Boden der Höhle. Nein, es hing anscheinend von der Decke und schlief mit einem glücklichen Lächeln im Gesicht. Sie erkannte den kleinen braun-weißen Kopf mit der süßen Schnauze und den großen Ohren sofort.

»Ludwig«, rief Lilly ganz laut. »Da ist Ludwig! Er hat tatsächlich ein neues Zuhause gefunden.« Sie sprang vor Freude auf und ab und wieder kullerte ihr eine kleine Träne über die Wange. Diesmal aber vor Freude.

Als das Wochenende kam, bereiteten Lillys Eltern einen Grillabend mit Ivan und seiner Familie vor. Opa war auch dabei und sogar die Großeltern von Ivan waren gekommen. Sie stellten Bänke im Garten auf, weil der Tisch auf der Terrasse nicht groß genug für alle war. Papi hängte Lampions in Bäume und Büsche und als die Sonne unterging und der Himmel noch rot und gelb und lila leuchtete, strahlten die Lampions ebenfalls in allen Farben.

Lilly und Ivan aßen um die Wette Würstchen – Ivan gewann. Lilly nannte Ivan einen Vielfraß und sie liefen anschließend lachend durch den Garten, bis beide außer Puste waren.

»Ich kann nicht mehr«, prustete Lilly und hielt sich den Bauch. Als sie zu Ivan schaute, schwirrte plötzlich etwas ganz knapp über seinen Kopf.

»Was war das?«, fragte er und schaute sich um.

Da war es wieder. Lilly sah, dass etwas durch die Luft sauste. Etwas Braunes und etwas Weißes. Genauer gesagt, zwei weiße Eulen und eine Fledermaus. »Ludwig. Mein lieber Ludwig. Wie geht es dir?«, rief Lilly.

Wie zur Antwort zischte Ludwig zweimal um Lillys Kopf. Die Eulen setzten sich in der Nähe auf einen Ast. Lilly und Ivan lachten, be-

wegten die Arme auf und ab und liefen durch den Garten, als wären sie selbst Fledermäuse.

Und Ludwig? Der konnte gar nicht aufhören damit, immer wieder um Lilly und Ivan herumzuschwirren. Und Lilly hätte schwören können, dass Ludwig dabei ganz breit grinste.

Ende

Bibliografische Information der Deutschen Nationalbibliothek

Die Deutsche Nationalbibliothek verzeichnet diese Publikation in der Deutschen National-
bibliografie. Detaillierte bibliografische Daten sind im Internet über http://d-nb.de abrufbar.

Für Fragen und Anregungen

info@mvg-verlag.de

Originalausgabe
1. Auflage 2021
© 2021 by mvg Verlag, ein Imprint der Münchner Verlagsgruppe GmbH
Türkenstraße 89
80799 München
Tel.: 089 651285-0
Fax: 089 652096

Redaktion: Silke Panten
Umschlaggestaltung: Catharina Aydemir
Umschlagabbildung: Jana Moskito
Abbildungen im Innenteil: Jana Moskito
Layout & Satz: feschart print- und webdesign, Michaela Röhler, Leopoldshöhe
Druck: Firmengruppe APPL, aprinta Druck, Wemding
Printed in Germany

ISBN Print 978-3-74740289-4
ISBN E-Book (PDF) 978-3-96121-657-4
ISBN E-Book (EPUB, Mobi) 978-3-96121-658-1

Wir produzieren
nachhaltig
www.mvg-verlag.de

Weitere Informationen zum Verlag finden Sie unter

www.mvg-verlag.de

Beachten Sie auch unsere weiteren Verlage unter www.m-vg.de